U0101236

# 土楼堡寨

福建古建筑丛书

福建古建筑丛书编委会 编

海峡出版发行集团
THE STRAITS PUBLISHING & DISTRIBUTING GROUP | 福建教育出版社

## 福建古建筑丛书编委会

### 编辑单位

### 编辑部

# 前　　言

　　福建，简称"闽"，雄踞祖国东南，与宝岛台湾隔海相望。武夷山—玳瑁山山脉横亘闽西北，鹫峰山—戴云山—博平岭山脉南北纵贯闽中；闽江、九龙江、汀江、晋江、龙江、敖江、交溪、木兰溪等河网自成体系，蜿蜒跌落湍流，缓缓汇入大海；山间、河畔等生态廊道散布着星星点点的谷坡、盆地，河口、海滨等江海衔接带绵延着大小不等的平原、台地。大陆海岸线长 3752 千米，分布着 2215 个海岛、125 个大小海湾。全省陆域面积 12.39 万平方千米，近海渔场面积 12.5 万平方千米，素有"八山一水一分田""海潮声中万亩田"之称。

　　得天独厚的生态环境资源优势，孕育了相对独立的区域特色文化。考古资料显示，早在距今 18.5 万年前就有人类繁衍生息于此，约 3 万年前已出现世间罕见之人工构筑的石铺地面，以优化生活生产环境。自旧石器时代末期到新石器时代，横跨以万年计的全球气候冷热巨变阶段，群山峻岭里，沧海桑田中，不乏福建先民筚路蓝缕、聚居劳作的历史遗迹遗物存世。相当于中原的商周时期，福建区域出现了与中原王朝保持着密切联系的"七闽"部落、"闽方国"；秦朝废闽越王为"君长"，置闽中郡；汉代初复立闽越王"王闽中故地"，福建区域与中原王朝的关系愈加紧密，这些在《周礼》《史记》《汉书》等古籍中均有记载。自东汉以降数百年，中央政权相继在福建区域，将"冶县"改为"侯官县"，设立过"建安郡""晋安郡""南安郡"及"闽州"等行政管理建制以加强统治。福建区域原住民不断与"衣冠避难、多所萃止"的中原各地辗转迁徙入闽者融合，逐渐形成以汉族居民为主体、中原传统文化占主导的地区，省域亦因唐开元年间置"福建经略使"而得名。

唐宋以来，福建社会经济文化日趋繁荣。纵横千里的驿道组成的路网，将福建一座座城镇乡村、港口码头串珠般连接，通往海内外。兴文重教，英才辈出，素有"海滨邹鲁"之誉。产业拓展，商贾接踵，曾为中国的世界贸易中心之一。巍峨的城垣城楼，林立的土楼堡寨，争艳的府第民宅，幽雅的文庙书院，质朴的古道亭桥，无不积淀了深厚的文化底蕴，递嬗出多元文化交融的区域特色。"福建土楼""鼓浪屿：历史国际社区"和武夷山汉城遗址等成为联合国教科文组织认定的世界文化遗产，福州、泉州、漳州、长汀等被公布为国家历史文化名城，福州文庙、泉州文庙等被列入全国重点文物保护单位，无不绽放出辉煌的历史文化光芒。

习近平同志自1985年来到福建，辛勤工作了近18年，对福建的山山水水了解深刻，为福建的建设发展与历史文化保护传承倾注了大量心血。他在福建提出"既要重视经济的发展，又要重视生态环境、人文环境的保护。发展经济是领导者的重要责任，保护好古建筑，保护好传统街区，保护好文物，保护好名城，同样也是领导者的重要责任"等执政理念，作出"保护历史文物是国家法律赋予每个人的责任，也是实施可持续发展战略的重要内容，任何个人和单位都不能为了谋取眼前或局部利益而破坏全社会和后代的利益"等重要指示；他身体力行地设法保存修复林则徐、林觉民等历史名人故居，力主保护三坊七巷、和平古镇等传统街区、村镇，及时抢救三明万寿岩考古遗址等重要史迹，以实际行动充分体现了对优秀历史文化遗产、优秀文化传统的珍视与厚爱，是迈入中国特色社会主义新时代的宝贵精神财富。

党的十八大以来，以习近平同志为核心的党中央坚持从留住文化根脉、守住民族之魂的战略高度，十分关心、大力推动文化和自然遗产的保护工作，反复强调要像爱惜自己的生命一样保护好文物和文化遗产。2017年，中共中央办公厅、国务院办公厅印发了《关于实施中华优秀传统文化传承发展工程的意见》，就建立中华优秀传统文化传承发展体系进行了全面部署，强调"加强新型城镇化和新农村建设中的文物保护。加强历史文化名城名镇名村、历史文化街区、名人故居保护和城市特色风貌管理，实施中国传统村落保护工程，做好传统民居、历史建筑、革命文化纪念地、农业遗产、工业遗产保护工作"。2019年，《人民日报》重新发表了习近平总书记17年前所作的《〈福州古厝〉序》，新华社发表了《文明之光照亮复兴之路——以习近平同志为核心的党中央关心文化和自然遗产保护工作纪实》，这些对于我们进一步做好文化遗产保护工作，更好地传承文明、增强文化自信，意义深远。

福建省人大常委会认真学习领会习近平总书记重要讲话指示批示精神，坚决贯彻习近平新时代中国特色社会主义思想，积极按照国家宪法和法律赋予的职责，紧密围绕福建文化特色，紧扣新时代文物和文化遗产保护管理和传承活化过程中的社会需求，既从全省的文物保护管理、历史文化名城名镇名村和传统村落保护、文化和自然遗产保护利用等工作实际考虑，先后制定出台了相关"条例"和"决议"，又积极与国际文化和自然遗产保护管理理念接轨，相继推出了涵盖"武夷山""福建土楼""鼓浪屿：历史国际社区"等世界文化和自然遗产保护管理的地方性法规；同时，有计划有重点地开展省、市、县（区）三级人大的联合执法检查、专题询问等年度监督工作。通过实地察看、听取汇报、召开座谈会等，深入了解文物和文化遗产保护等法律法规贯彻落实的工作成效和存在问题，及时作出相应的执法检查报告、咨询与指导要求等，保障和促进了优秀民族传统文化的延续与拓展。

为进一步认真贯彻落实习近平总书记关于增强文化自信、传承和保护好中华优秀历史文化遗产等重要讲话精神，值此联合国教科文组织第44届世界遗产大会即将在福州召开之际，按照福建省人大常委会的要求，由省人大常委会环城工委和教科文卫工委牵头，会同省住房和城乡建设厅、省文化和旅游厅、省新闻出版局、省党史和方志办、省文物局、海峡出版发行集团、省文联和省文物考古博物馆学会等多个部门和学术团体，组织相关专家学者围绕"城垣城楼""土楼堡寨""府第民宅""文庙书院""古道亭桥"五个专题，采用"建筑说明与散文随笔、摄影图片"等相映成趣的表达形式，编撰了这套一辑五册的"福建古建筑丛书"，旨在彰显福建各地城垣城楼、土楼堡寨、府第民宅、文庙书院、古道亭桥等古建筑的历史人文风貌与建筑艺术价值，为社会奉上一道道福建历史文化遗产的美味佳肴，进一步促进全社会形成珍惜爱护历史文化遗产、传承弘扬优秀传统文化的浓厚氛围。

在如此深厚的文化蕴藏面前，虽然我们做了积极努力，终究受限于资料的完整性和表达的精准性等不足，书中挂一漏万之处难免，恳请亲爱的读者不吝指正，使"福建古建筑丛书"的编写工作不断臻于完善。

**福建古建筑丛书编委会**

2020 年 6 月

# 编辑说明

一、本丛书选取福建各地城垣城楼、土楼堡寨、府第民宅、文庙书院、古道亭桥各类古代建筑，以"建筑说明 ＋ 散文随笔 ＋ 图片"的形式，全面呈现福建本土最具地域特色和独特艺术价值的古建筑风貌及历史人文内涵。

二、本丛书（第一辑）共 5 册，分别为：

1.《城垣城楼》，收录福建古建筑中以外筑城垣为特征，具有行政建制与军事防卫功能的构筑物及其附属设施遗存。包括 4 类，共 39 个建筑点：（1）府县古城 9 个，包括福州府城、泉州府城、汀州府城、建宁府城、邵武府城、松溪县城、上杭县城、崇安县城、和平分县城。（2）卫所、水寨、巡检司 17 个，包括平海卫城、镇海卫城、梅花所城、万安所城、定海所城、厦门所城、大京所城、莆禧所城、崇武所城、福全所城、六鳌所城、铜山所城、悬钟所城、琴江水师旗营、鼓浪屿龙头山寨、闽安巡检司城、小岞巡检司城。（3）镇村城堡 9 个，包括柘荣双城城堡、福安廉村城堡、霞浦传胪城堡、霞浦八堡城堡、福鼎潋城城堡、福鼎玉塘城堡、福鼎石兰城堡、漳浦赵家堡、漳浦诒安堡。（4）炮台 4 个，包括马尾亭江炮台、连江长门炮台、漳州港南炮台、厦门胡里山炮台。

2.《土楼堡寨》，收录福建古建筑中兼具居住与防卫功能的土楼和堡寨类建筑遗存。包括分布于全省各地的 38 个建筑点：永定集庆楼、永定永康楼、永定福裕楼、永定承启楼、永定衍香楼、永定振福楼、新罗苏邦东洋楼、漳平泰安堡、华安二宜楼、华安雨伞楼、南靖绳庆楼、南靖步云楼、南靖和贵楼、南靖怀远楼、南靖裕昌楼、平和绳武楼、平和余庆楼、平和庄上大楼、平和龙见楼、漳浦锦江楼、安溪崇埔永峙楼、德化厚德堡、仙游东石土楼、福清东关寨、永泰三捷青石寨、永泰荣寿庄与昇平庄、永泰赤岸铳楼群、永泰万安堡、闽清娘寨、尤溪茂荆堡、尤溪公馆峡民居、沙县水美双元堡、三元松庆堡、永安安贞堡、永安复兴堡、大田琵琶堡、大田潭城堡、将乐㘰厚堡。

3.《府第民宅》，收录福建古建筑中具有特色的官宦府第和典型民居宅第类建筑遗存。包括分布于全省各地的 39 个建筑点：福州黄巷郭柏荫故居、福州衣锦坊郑氏府第、闽清宏琳厝、长乐九头马民居、闽侯水西林建筑群、闽侯白沙永奋永襄厝、永泰嵩口德和厝、柘荣凤岐吴氏大宅、屏南北墘佛仔厝、莆田大宗伯第、涵江凤门林氏大厝、涵江江氏民居、仙游海安朱氏民居、南安蔡氏古民居、南安中宪第、南安林氏民居、安溪湖头景新堂、泉港土坑旗杆厝、晋江钱头状元第、永春岵山福兴堂、漳州蔡氏民居、漳浦蓝廷珍府第、武夷山下梅大夫第、南平峡阳大园土库、光泽崇仁袁氏民居、建阳书坊陈氏民居、顺昌元坑陈氏民居、邵武中书第、邵武金坑儒林郎第、尤溪玉井坊郑氏大厝、尤溪大福圳民居、沙县大水湾陈氏大厝、三元龙安骑尉第、永安沧海龙德堂、长汀三洲戴氏民居、长汀馆前沈宅、长汀中街李氏下大屋、连城芷溪集鳣堂、连城培田村官厅。

4.《文庙书院》，收录福建古建筑中以祭祀和纪念孔子、从事教育为主要功能的文庙与书院类建筑遗存。分为文庙与书院两类，共 39 个建筑点：（1）文庙 24 个，包括福州文庙、闽清文庙、永泰文庙、螺洲孔庙、同安孔庙、漳州府文庙、漳浦文庙、平和文庙、海澄文庙、泉州府文庙、惠安孔庙、永春文庙、安溪文庙、仙游文庙、黄石文庙、涵江孔庙、永安文庙、汀州文庙、上杭文庙、漳平文庙、建瓯文庙、崇安文庙、双溪文庙、西昆孔氏家庙。

（2）书院 15 个，包括正谊书院、濂江书院、文泉书院、霞东书院、云山书院、南屏书院、石井书院、龙山书院、侯龙书院、普光书院、南溪书院、萃园书院、兴贤书院、南浦书院、魁龙书院。

5.《古道亭桥》，选取古代进出福建的东线、北线、西线、南线四条陆路通道上的各个地点，并串联起各条古道上的关、隘、亭、桥等建筑遗存。分为四个部分，共 40 个地点：（1）福温古道 9 个点，包括福鼎、寿宁、柘荣、霞浦、屏南、周宁、蕉城、连江、福州北。（2）仙霞分水 11 个点，包括浦城、武夷山、邵武、光泽、松溪、政和、建瓯、建阳、顺昌、延平、闽侯。（3）闽客间关 11 个点，包括泰宁、建宁、宁化、长汀、武平、上杭、连城、永安、大田、尤溪、闽清。（4）福广通津 9 个点，包括漳州、泉州、永春、仙游、莆田、福清、长乐、永泰、福州南。

三、丛书各册古建筑点遴选及条目编排，遵循如下原则：

1. 各册所收录古建筑，大部分是省级以上文物保护单位，再酌情收入具有特色风格的其他类型古建筑，力求既突出地域特色建筑，又体现兼容并蓄风格。

2. 同一种古建筑类型，综合其地域分布、平面布局、构造风格、构建年代、使用功能、艺术特色、保存现状等文物价值进行择选，同时兼顾古建筑的历史人文内涵。

3. 丛书只收录传统建筑类型，近代纯粹南洋风格建筑不列入选目范围。

4. 各册条目编排，《古道亭桥》一册，按古道线路顺序编排。其他各册，有分类别的，按类型编排，各类型之下，一般按行政级别、行政区划顺序再排；

没有分类的，则直接按行政区划顺序编排。

四、丛书各册有关稿件来源及审定情况：

1. 丛书 5 册的概述及每一处建筑说明，由各分册主编撰写，并经丛书编委会审定。

2. 丛书的散文随笔，由省作协、各设区市作协等单位向全省各地作家征集组稿，并经遴选，最终由丛书编委会审定。

3. 丛书的图片，由省作协与摄协、各设区市作协与摄协、省党史和方志办、省文物局等单位及丛书专家、作者提供，并经遴选，最终由丛书编委会审定。

**福建古建筑丛书编委会**

2020 年 6 月

# 概　　述

龚张念

福建自古以来就是一个区域性特征十分显著的地方，而广泛分布于八闽大地上的土楼堡寨即是这一区域性特征的生动体现。

福建土楼堡寨是西晋以来中国乃至东亚几次历史动荡和民众大迁徙的产物。由于"山高皇帝远"，福建政局时有动荡，行政关系错综复杂，很多时候中央无暇顾及也无力处理移民问题。当北方移民涌入福建时，既要面临山林茂密、河溪遍布、缺乏平坦耕地的自然地理环境，又要与本地土著和先到的移民为争夺有限资源而激烈争斗。面对复杂的生存环境，南渡移民一方面传统宗法观念根深蒂固，另一方面出于自保防卫的实际需要，合族团结，聚众而居，合力营造各类具有突出特征的防御型民居建筑。土楼堡寨则是这类成熟的防御型民居建筑的杰出代表。

土楼堡寨折射出福建历史的发展轨迹。堡寨肇始于宋元，土楼始于明嘉靖年间，均赓续至二十世纪六七十年代。土楼堡寨自诞生之初起就是因应复杂多变的生存环境、退敌却盗的防御意义而为人们所重视。明初以降，倭寇猖獗，山匪不靖，福建地区深受其害。因此在这一时期，民众或由官府倡导，或经自发组织建造，至今仍得以留存下来的有大田潭城堡、漳浦贻燕楼、华安齐云楼等。明清鼎革之际，政局动荡不安，这一时期也修筑了大量的土楼堡寨，至今可见的有南靖裕昌楼、诏安在田楼、平和西爽楼、三元太和堡、永安光荣堡等。清代康熙至嘉庆年间，政局稳定，民殷物阜，土楼堡寨仍时有修建，但这一时期其军事防御意义被淡化，更多成为富庶百姓、乡绅大贾显耀身家、保有财产的方式之一。及至清中后期，清廷疲于应对接踵而至的内忧外患，统治权威迅速跌落，匪寇侵扰和乡族械斗又使地方社会动乱不宁，土楼堡寨亦随之开始大规模修建，现存的大量建筑即多于此一时期建造。清末民国年间，军阀混战，兵燹频仍，土楼堡寨持续兴建。值得注意的是，在这一时期的修建浪潮中，华人华侨也扮演了重要角色，他们慷慨解囊，捐资桑梓，建造了为数不少的融合中西艺术的典型建筑。迄至1949年之后，土楼堡寨仍按惯性不时兴建，但此时防御功能已经退去，聚族而居的生活意义愈发突显。

综上不难发现，土楼堡寨最初是以军事防御为主要目的，而后随着社会安定，生齿日繁，逐渐向防御与居住功能并重的方向演化，特别是近现代以来，随着生活环境的逐渐稳定，其所具有的居住心理意义甚而超过防御意义，功能也逐渐由军事防御向家居生活嬗变。

居住与防卫是土楼堡寨的共同特点，但具体而言，土楼和堡寨仍有许多不同之处。福建博物院楼建龙研究馆员认为："土堡与土楼的区别，在于土楼是融防卫需求与住居功能为一体的、经长期演变而衍生出来的一种新的居住建筑模式；而土堡是外围寨墙与传统住居的叠加，究其成因，是承平时期传统建筑形式在乱世时期的一种扩展，手法简便，无论是外观形式，还是传统理念，也都更容易为人们所接受。"此外，分布于闽东地区的、名称为"寨"的大型防御型民居建筑，也属于"合院形式的土堡"。

在地理分布上，土楼主要集中于闽西南博平岭东西坡的丘陵谷地之间，现存3000多座。这一地区历来是各类军兵流民及族群迁徙的必经之地，如元末明初战乱、明代邓茂七叶宗留起义、清代太平军入闽、民国北伐军进军福建等，几乎都曾在此一区域行军攻掠，加之地狭人稠，因此土楼防御烈度强，多为若干座呈犄角之势共同聚建防卫。堡寨主要分布于闽中戴云山脉的大小山间盆地之中。相对而言，这一地区河谷丘陵犬牙差互，地形复杂，人口并不十分稠密，多受小股流寇和盗匪侵扰，故而少有多个堡寨聚建一处的现象，而是分开散建，不少堡寨距离村落中心区域达数百米之遥。堡寨大致可分为两大类：一类为山地型，多建造于山岗或山脉的坡地处，依地形为天然屏障，往往仅有小道可与外界交通往来。这一类型平常较少住人，多为战乱时的庇护所或宗族祭祀、婚丧、年节时的聚会处。另一类为田中型，直接建造于水田之中，多为单座兀然而立，既可方便居民在遇到危险时第一时间躲入避险，也可作为长期居住和生活之用。

在建筑形式和选址上，土楼平面一般为长方形或圆形，基本可分为圆楼、方楼和府第式土楼（又称五凤楼）等，一般建于河谷台地或山坡的一二级阶地处，建筑基址为同一个台基。就建筑立面而言，土楼的整座建筑处于同一个平面上，自远处眺望也仅能看到高大的墙体和一小部分屋面，内部建筑基本不可窥见（府第式土楼除外）。堡寨平面可分为方形、前方后圆形和异形，一般建于水田之中或山坡的二三级甚至四级阶地处，因之呈现出不同于土楼的多台基、高落差和阶梯状墙体，整体风格错落有致，高低分明，自远处眺望能使人感受到强烈的层次感和韵律感。

在建筑结构上，土楼以鹅卵石、块石或条石作为墙基，墙基较矮，墙体一般厚一米五至三米，主要由外围夯土墙和木构梁柱共同承重，居住空间沿外围线性布置，是适应大家族聚居的巨型楼房住宅，多以"楼"称之。堡寨四周为高大厚实的石基夯土墙体，内部为中心合院式民居。为了防备匪寇挖墙侵堡，堡寨一般将墙体砌得很高，有的可达十余米，下部墙体常厚达三四米，上部墙体朝外开有用于防守的斗式窗，内辟环堡跑马道。多以"堡""堂""寨""庐""庄"等称之。

在建筑规模上，土楼和堡寨占地面积均较广阔，很多可达数千平方米。以高度而言，土楼相对较高，层数较多，多数为三至四层，高的可达五至六层。

堡寨相对较矮，层数多为一至二层。

在建筑布局上，土楼主要分为内通廊式和单元式两大类。圆形土楼和方形土楼多由外环和内院两个部分组成。圆形土楼外环以三至五层高的围合型夯土楼房为主体建筑，内院有一至三圈的一两层环形建筑，整体呈外高内低。方形土楼由一重楼墙四边围合而成，内院有的设有单层祖堂，楼外正面有单层的辅助用房围合成外庭院。府第式土楼楼外正面围以矮墙形成外庭院，左右两侧设门房进出，一般呈前低后高之势。每座土楼都有鲜明的中轴线，圆形土楼的中轴线上依次为大门、祖堂、后厅。方形和府第式土楼尤为突出，大门、厅堂、主楼都置于中轴线上，横屋和附属建筑分布在左右两侧，整体两边对称极为严格。土楼的建筑形式多为轴心放射式。堡寨主要依当地传统风格建构中心合院式民居，一般为轴线对称式，由多开间房屋平行放置，中轴线依次布建空坪、下堂、天井、中堂或正堂、后天井、后堂或后楼等，与天井两侧的厢房或连廊围合成一中心院落。中轴线外两侧各建一至三排横屋，连以过水廊。最外侧横屋靠外围墙体而建，均为两层楼，二层楼与墙体上的跑马道连通。

在建筑功能上，土楼的各层都有明确的功能。在通廊式圆形土楼和方形土楼中，主体建筑的一层为厨房、餐厅，二层为粮食仓库，三层以上为卧室、祖堂。而在单元式土楼中，一般主体建筑的一层为杂物间，二层以上为卧室，顶层是粮食仓库，并依着墙体设有隐通廊，以便于对外防御。土楼以居住为主要功能之一，装饰较为讲究，生活居住设施完善齐备。不同于土楼，堡寨的下堂多用于接待客人；中堂前厅用于祭祀和"红事"，后厅多用于"白事"；后堂是尊贵的老人和客人起居之处；横屋多作餐厨、仓储等辅助性用房，也是佣人雇工的生活居住场所。堡寨装饰相对质朴，更重视实用性与防卫性。

在建筑防御上，土楼堡寨都是因地制宜，择取最有利于防御的地点修建，或耸峙于山林险峻之处，居高临下，依势御敌；或屹立于谷地田园之处，视野开阔，攻守兼备；或贴合于溪流岸边之处，以水为堑，易守难攻。基址均为石头砌筑，采用版筑之法夯土而成高大厚实的防御墙体，内院设有水井，楼内设有谷仓，便于长期驻守。土楼一、二层不在外墙开窗，二层以上在外墙设置射击孔，有的土楼还在最高层外墙设置瞭望台。多数土楼只开一个大门，大门多用不易燃烧的硬木板材制作，有的包以铁皮，门框顶部设置水槽，可注水灭火。堡寨主要依靠高大厚实的外围墙体拒敌，墙上随处设有内大外小的斗式条窗和密集的射击枪孔，墙内建有宽敞贯通的跑马道，在四角或合适位置设有高耸的碉式角楼。大门结实坚固，顶部常有防火的注水孔槽，一般开两三个门：主门、风水门或应急门。有的堡寨还设有犬洞和鸽楼，作为报警求救之用。

在建筑文化上，土楼堡寨的命名精练而雅驯，诸如和贵楼、绳武楼、万兴堡、文津堡、仁和庄、庆丰庄等，无不蕴含着主人的审美意识、文化心态和未来期许。内部的楹联字画也在不断阐扬着儒家传统的忠孝仁义和诗礼耕读精神，告诫后世子孙务必克勤克俭，光耀门楣。内部装修与装饰是精湛传统建筑技艺和深厚文化底蕴的体现，主要由木雕、石雕、灰塑和彩绘等构成，手法多样，题材灵活，以民间习见的动植物、几何纹样、吉祥文字和话本故事为主，精雕细琢，独出机杼，彰显出建筑的美轮美奂，富有极强的生命力。建筑的核心空间，在土楼是祖堂或厅堂，它兼具祭祀祖先和婚丧嫁娶的空间功能，多施以艳丽彩绘和精雕细刻，突出强调其精神中心的地位。堡寨在中堂或后堂的明间设置神龛，个别专辟有求神拜佛的厅堂，但一般不位于中轴线上。这些有形的装饰和无形的思想充分体现出八闽人民乐观进取的生活状态、勤劳淳朴的宝贵品质和团结互助的精神风尚。

福建土楼堡寨的文化遗产价值在于，这是福建先民在继承华夏民族传统院落式民居基础之上的独特创造，既有着深厚的历史文化传统，又与当地的自然环境完美融合。其一，土楼堡寨是独一无二的山区大型夯土民居建筑，也是生土建构技术的精美杰作。它依山就势，布局巧妙，既体现了中国传统建筑思想中的"风水"观念，又适应了聚族而居、防御外敌的实际需求。其二，土楼堡寨在遵循中国传统建筑特征的基础上，因地制宜，巧妙创新，建筑风貌宏伟质朴，建筑功能适用齐备，不但是一座宜居舒适的人文建筑，还是一幅美妙和谐的生态景观，是一种有着鲜明文化特征和审美艺术价值的独特创造。其三，土楼堡寨的发展过程也与中国历史的兴衰隆替息息相关，反映了动乱年代民族迁徙的情形和安定时期民众的价值探求。其四，土楼堡寨不仅很好地保存了儒家文化的传统，也创造性地融合了当时当地的民俗民风，进而形成了与众不同的民居生活方式和文化社群。土楼堡寨这份厚重的乡土建筑遗产，不仅是福建民居建筑史上的一朵奇葩，更在中国民居建筑史上占有重要地位。

福建土楼已被联合国教科文组织列入"世界文化遗产名录"，名扬海内外，许多堡寨也被列为全国重点文物保护单位和省级、市县级文物保护单位，各级地方政府在不遗余力地对其进行保护、利用和开发。这些深藏于僻远山林之中的"隐士"渐渐为世人所了解和熟知，其所蕴含的历史价值、艺术价值、科学价值和文化价值也正被珍视和研究。"建筑是无声的史诗"，当我们站在面前仰望它时，当我们行走其间触及它时，我们不能不感叹文明传承的沧桑厚重，不能不赞颂历史文化的精彩多样，也不能不钦佩八闽先民的智慧巧思，正是一代又一代人民的胼手胝足和守望相助，才能为世界留下这些令人瞩目的不朽奇迹。

# Contents
# 目 录

# Contents 目录

# Contents
# 目 录

①永定集庆楼
②永定永康楼
③永定福裕楼
④永定承启楼
⑤永定衍香楼
⑥永定振福楼
⑦新罗苏邦东洋楼
⑧漳平泰安堡
⑨华安二宜楼
⑩华安雨伞楼
⑪南靖绳庆楼
⑫南靖步云楼
⑬南靖和贵楼
⑭南靖怀远楼
⑮南靖裕昌楼
⑯平和绳武楼
⑰平和余庆楼
⑱平和庄上大楼
⑲平和龙见楼

⑳漳浦锦江楼
㉑安溪崇墉永峙楼
㉒德化厚德堡
㉓仙游东石土楼
㉔福清东关寨
㉕永泰三捷青石寨
㉖永泰荣寿庄、昇平庄
㉗永泰赤岸铳楼群
㉘永泰万安堡
㉙闽清娘寨
㉚尤溪茂荆堡
㉛尤溪公馆峡民居
㉜沙县水美双元堡
㉝三元松庆堡
㉞永安安贞堡
㉟永安复兴堡
㊱大田琵琶堡
㊲大田潭城堡
㊳将乐墈厚堡

土楼堡寨分布图

集庆楼坐落于永定区下洋镇初溪村，由徐氏三世祖始建于明永乐年间（1403—1424 年）。为两环圆形土楼，坐南朝北，占地约 2800 平方米。中轴线上依次为门坪、外环楼、环形天井、内环楼、环形天井、祖堂等。外环主楼为土木结构，直径约 66 米，高四层，底层墙厚 1.6 米，原为内通廊式。清乾隆九年（1744 年），为解决全楼住户只有一道楼梯上下的问题，楼主对原来的结构稍做改变：底层仍为通廊式，共 53 开间；二层以上改为单元式，每单元 6 开间，各设一道狭窄楼梯，由此形成全楼 72 道楼梯的独特景观；三层每单元分别在楼梯侧设一神龛，单元与单元之间的廊道以杉木板分隔。内环楼为单层砖木结构，共 26 开间。祖堂位于楼的中心，由门墙、天井、左右厢房及面阔三间的厅堂组成，为土木结构，悬山顶。与其他土楼不同的是，该楼仅有一道大门，大门上方设有防火水槽。

集庆楼兼具通廊式和单元式的设计，既保障了聚族而居的心理需要，又能够满足一般土楼所没有的私密需求。该楼是闽西客家人聚居的永定境内楼梯最多、结构最特殊的一座圆楼。为初溪土楼群之一，2006 年被公布为全国重点文物保护单位，2008 年被列入"世界文化遗产名录"。

链　接：

初溪土楼群：坐落在海拔 400—500 米的山坡上，整体坐南朝北，背靠高山，前面为落差 20 多米的山谷，一条小溪穿流而过，有长方形、正方形、六角形、圆形、椭圆形等形态各异的土楼星布其中。

# "土楼王后"集庆楼

胡赛标

　　是集庆楼72架楼梯层层叠叠的诱惑，还是土楼民俗珍品馆琳琅满目的妩媚，抑或是梦中那条古朴光滑的青石板道的逶迤，牵引着我一次次零距离亲吻初溪土楼群？

　　我一遍遍地问我自己：为什么想念初溪，想念这永定土楼中的"世外桃源"，想念这宁静得可以听见灵魂跳动的地方？时令已是深秋，空气清冽得有细腻的层次，一层层稻田铺张跌宕成凡·高笔下色彩斑斓的油画。路旁掠过让人惊艳的红柿果，一树树，如梦中的灯流，表情冷艳高贵如小资。绵延的凤尾竹摇曳出白瀑布、弯河流、大溪石……

集庆楼的新春祈福 / 胡赛标　摄

初溪土楼群中的"三圆一方"／温学超 摄

初溪土楼群由5座圆楼和31座方楼组成，层层叠叠，参差错落，与蓝天、白云、高山、浓雾、梯田、翠竹、人家、小桥、流水融为一体，形成质朴自然、天人合一的境界，美不胜收，悦心摇神。而其中倚山临溪的四座土楼，三圆一方，既相连又开放，造型别致，气势磅礴，震撼心灵，是最壮观最具冲击力的土楼，成为福建土楼旅游对外宣传的标志性符号。因此，初溪土楼群被誉为"中国最美丽的土楼群"。

初溪土楼群周围峰峦叠嶂，古朴的环境，原始神秘的氛围，优美的结构，恍如人间天堂，成为各种媒体争相聚焦的对象。如果说初溪土楼群是"土楼童话"，那么"土楼王后"集庆楼就是童话里一篇百读不厌的经典故事。早在集庆楼列入世遗前的1999年，《闽西日报》就已刊出《"土楼王后"集庆楼》的文章，从此"土楼王后"的雅号逐渐为媒体所引用。

"土楼王后"集庆楼，是初溪土楼群"三圆一方"中的一个亮点，素有"最古老最奇特"之美誉。据《徐氏族谱》记载，该楼建于明代永乐年间，距今有

600 多年历史。为两环圆楼，占地近 3000 平方米，全楼计 247 间房，居住徐姓宗族几百人。集庆楼的"最奇特"表现在，全楼设有 72 架楼梯，便于楼中上下；外环二层以上设有多道暗梯，可于遇危急时使用；外环外墙设有 9 个瞭望台，可架设土铳防卫；外环底墙设有一个秘密暗道；全楼木构件全靠榫头衔接，未用一枚铁钉。

可是，由于年久失修，2001 年 6 月它面临全面倒塌的危险：屋面檩椽腐烂不堪，瓦顶透光，挑梁腐朽折断，72 架楼梯残损歪斜，特别是 500 多根立柱全部倾斜，上下扭曲如跳摇摆舞一般。土楼营造技艺传承人徐松生接受了维修任务，没想到当他想矫正歪斜的立柱时，根本扳不动它，似有几千公斤的暗力在推着，原来几百根立柱都是与众多梁檩相勾连的，它们形成不同方向的向心力；就像一排排欹斜着身子站队的人，有一股看不见的倾斜力冲向中心点。这也是形成上层立柱向左倾斜、下层立柱向右倾斜的原理。他采取了先另立旁柱、锯断横檩，阻断向心压力的办法，然后再更换或矫正立柱，一步步把 500多根柱子都修好了……维修后的集庆楼重现了昔日古朴沧桑、气势磅礴、恢宏壮观的"王后"风采，成为最奇特、最雄浑的地标性景观。

集庆楼按照"九宫八卦"的结构建造，文化内涵十分丰富。楼内儒家的楹联、道家的雕刻、佛家的供奉，都含有深意。集庆楼木门石框，黄墙灰瓦，外形如鼓，石裙高砌，质朴斑驳，如一位历尽沧桑、低调内敛的"王后"。大门两侧联曰"集益鸣谦德，庆余积善征"，"集益都从谦处受，庆余只在善中求"，意思是，各种好处都要从谦逊中才能得到，喜庆的富裕也只能在慈善中求得。横批"物华天宝"，意思是上天赐予的珍贵宝物。所以，门联是教化人们如何为人处世的。客家人崇文重教，实际上就是从小读门联开始的，这是一种很特殊的文化现象。

来到楼前，仰望屋脊之上，铸有白色的公鸡与狮子，你知道这是做什么用的吗？嗯，是用来镇宅避邪的。土楼的门道就寄寓在这些看似平平淡淡的细节中。见微知著，以小知楼，从细处读懂客家文化，是参观土楼的乐趣与玄妙所在。

集庆楼的外墙像鼓，高高的墙脚是用大青石或卵石砌成。为什么要设计为鼓形？有喜庆吉祥的含义。而石脚砌得高，是为了防雨防水。外墙上设置九个瞭望台，暗合风水学上的"九星护卫，镇宅避煞"。集庆楼是客家土楼中的"创新典范"；一般土楼都设置两三个门，而它只有一个大门。这是出于什么考虑呢？

集庆楼正门／廖发明 摄

土楼地处偏僻山区，古时盗匪猖獗，为了安全避害，常常要建两三个门，以便危急时逃生。可是，集庆楼只设有一个铁皮大门。原来，楼主认为门开多了，不仅费钱，反而更不安全。一个大门，可以集中力量来抵御外敌。但是，如果万一大门被攻破呢？别急，楼主早想有妙招！他在楼后侧底层设有秘密暗道：在一个房间的外墙上，距地面高一米处，开一个长方形缺口，外用夯土墙封住；其内向外凹进，平时用木板遮住，外人无法发现其中奥秘。当楼内居民需要向外紧急疏散逃避时，可迅速捅开这个秘密通道，直奔楼后的山坡，隐蔽在树林之中……集庆楼楼内无井，这又是一个"另类"。原来，集庆楼的大门属"水位"，加之门外双溪并流，楼主认为过多的水必将"沉金，浮木，灭火，冲土"，故不挖井，而在楼外的右侧设有一口水井。

集庆楼的通廊、天井由溪石铺砌，生态自然，清爽宜人。门厅、中厅、后厅布置于中轴线上，它却一反常态，按照由低到高来设计，这又是为什么呢？

——对了，步步高升啊。中厅是客家土楼不可或缺的部分，是土楼人家族议事、祭祖、敬神、聊天、办红白喜事的公共场所，也是客家人最具童年记忆之地。中厅的神龛供奉观音菩萨，厅中摆有长条供桌、木交椅，墙上书有"东海世泽，许国家风"以及徐氏家训"节孝廉义"，揭示客家人的精神信仰。

参观集庆楼四楼时，我观察到一个奇异现象：四楼墙体内倾得很厉害，似乎岌岌欲倒的样子。徐松生瞅见我小心翼翼的神态，笑着说："这就是'日送墙'的结果。""日送墙？"我一头雾水。徐松生解释说："土墙不像砖墙，日照多的一面干得快，往往会向日照少的一面偏斜。好比人站立时，左脚踩在岩石上，右脚踩在沙地上，在重力的作用下，右脚一边会慢慢低下去，人的姿势会倾斜一样。""日送墙"是许多建筑师没注意到的技术细节，这完全靠经验判断，是最难把握的。所以，经验老到的师傅，不会呆板地使整座墙垂直，而往往要外倾一些，让太阳晒上一段时间矫正过来。集庆楼四楼的"日送墙"虽然是反例，但因为整座楼的墙体是牵拉稳固的，所以它仍然固若金汤地屹立了600多年。

圆圆的廊道，圆圆的天空，圆圆的瓦檐，走进集庆楼犹如走入一座迷宫。

曾有美国游客住在集庆楼，走出房间下楼后，回来时却怎么也找不着住哪间。最后，他只好摘朵小花插在自己房门上。这个小插曲，折射出它的格局庞大而结构精巧。

集庆楼被开辟为"客家土楼文化博物馆"后，分层陈列客家民俗、姓氏源流、土楼建筑、土楼摄影主题展。底层收藏有客家民俗文物两万多件，游客进入楼中，观赏这一雄奇壮丽的世界文化遗产，不能不感叹客家先民的伟大创造。"土楼王后"集庆楼，作为电视剧《下南洋》、电影《大鱼海棠》拍摄地后，更是名满天下，游客爆满。

初溪土楼的优雅，在于造型的别致，三圆一方让人惊叹；初溪土楼的古朴，在于小桥流水人家的静谧，在于曲曲折折的石道；初溪土楼的雄浑，在于参差错落的建筑，在于山窠里奔泻而出的溪流的喧响；初溪土楼的特色，在于它是山腰上矗起的雄放，是远离尘嚣的"桃源"，是灵魂休息的驿站……

登上352级的日月观景台，坐在古朴浪漫的稻草伞盖下，阳光温润如沐浴温泉，疲惫的心轻盈如天使。思考是美丽的，而忘却竟是幸福。我眺望对面最美丽的初溪土楼群，突然发现三圆一方的土楼造型正好构成一个大写意的"人"字，它在冥冥的苍穹之下昭示：精神流浪的后现代人只有拥抱绿水青山，灵魂才得安澜。

> 咏土楼（节录）
>
> [明] 黄文豪
>
> 倚山兮为城，斩木兮为兵，
> 接空楼阁兮跨层层，
> 奋戈矛兮若虎视而龙腾，
> …………

永定永康楼

永康楼位于永定区下洋镇霞村，建于1938年。为圆形土楼，坐东南朝西北，占地面积约1300平方米。

永康楼中轴线上依次布建有门坪、外环楼、中厅楼、祖堂等。外环主楼为内通廊式，直径约36米，高三层，每层26开间。底层为厨房和餐厅，二层为谷仓，三层为卧室。门厅后廊设拱门，分别额书"敦诗""说礼"。中厅楼位于内院中央，方形单层，砖木结构。中厅楼与门厅和左右侧厅围合成一进院落，又与祖堂围合成二进院落，形成圆中套"日"字形布局。大门宽约1.5米，高约2.5米，双层石门框，内拱外方。门板厚约0.1米，外包0.06米厚的铁皮，设两根门闩，十分牢固。

永康楼为旅居新加坡的华侨胡来兴所建，楼内保存有大量完整、精美的木雕构件，镂刻精巧，彩绘艳丽。前厅和侧厅的后向分别有一道大门与主楼贯通，活页门扇的上半部分双面镏金镂刻古代传说故事及双龙戏珠、双狮戏球、八仙过海和花鸟虫鱼等图案，惟妙惟肖，金光灿烂。前厅屋檐下的彩绘国画，以当时的洋房、宝塔、大桥、火车、飞机、轮船等为内容，充满着浓郁的时代气息，体现了楼内居民的文化素养和生活旨趣。该楼曾被誉为"最精致最华丽的客家土楼"，于2005年被公布为省级文物保护单位。

# 侨乡碧玉永康楼

九级半

福建省文物保护单位永康楼岑寂着，仿佛一位贤淑矜持、装扮典雅的少妇，美目流盼，抿嘴微笑，却缄默不语……我再次走入永定下洋霞村永康楼的时候，永康楼还是文文静静地伫立着，圆着一双秋水般的明眸打量我。它的目光也是柔柔的、静静的，宛如秋天的青海湖，澄澈得似乎什么都没有，又似乎蕴藏着无穷无尽的生命的秘密……

我走遍永定土楼之后，发现这座华美精致、小巧玲珑的圆形土楼确实有些"另类"。永定土楼大多是质朴粗砺的，但永康楼外表是如此华丽，甚至金碧辉煌。难怪拉美建筑研究中心主席马克图女士从太平洋彼岸的秘鲁来考察后，对永康楼赞叹不绝，说："永定圆楼数永康楼最为华丽，设计最妙，是一流景

永康楼正门／胡赛标 摄

观！"它白墙黑瓦、石门石檐，流泻出高贵典雅的神秘气韵，犹如一颗圆润典雅的明珠遗落于霞村。

其实，永康楼的整体结构与一般土楼类似，单环，三层，四梯，四个廊门，每层26间，中轴线是三厅堂两天井模式。功能也相似，底层厨房、餐厅，二层谷仓，三层卧室，中厅两旁配置浴室、杂物间等，中厅有二门与外环相隔相连。

永康楼门镌联曰："永日和风一门吉庆，康衢乐土百代蒙庥。"一副祈求永久康宁的平民化对联，滤去了沉重的道德教化意味。这座建于1938年的精巧圆楼，坐东南朝西北，圆中有方，相较振成楼、承启楼而言，其建筑理念受儒家思想影响较小，受道家思想影响较深。它的建筑风格摆脱了北方建筑讲究整齐对称的观念，更接近江南园林建筑顺从自然、适心任性的理念。比如，打破大小门对称的设计，全楼只设一个大门而没有小门。楼门左侧设一眼水井，而右侧不设；外环底层设四道过门，而二、三楼不设。楼门朝向与台阶方向来了个转折，既增添了委婉曲折的韵致，又符合率性而为、遵从自然的观念。这样，全楼的结构显得精练而巧妙，干净又婉约，一切以自然为美。

这样的结构设计是振成楼、承启楼的主人绝对不会做的！凭当时楼主人的财力，加开一道小门完全可以做到，却省减了，而将大量的财力用在其他方面。比如，永康楼的环外檐台近一米宽，全部用精致的花岗石铺砌，显得洁净清雅；檐外的一圈雨水沟砌得棱角分明，排水通畅；而楼门右侧的风水池，巧妙地引入洁净的泉水，显得自成天趣！如此注重细节，使环境清幽雅致，永康楼不能不说是独一无二。

精雕细刻、华美别致是永康楼的艺术价值之所在，其彩绘雕刻堪称永定土楼中的一绝。那彩色绘画不同于一般土楼的山水花鸟画，而是绘着洋气十足的火车轮船、新潮时尚的飞机战舰、气势雄伟的大江大桥、富丽堂皇的洋房宝塔……侨乡的建筑总是蕴含着南洋文化的因子，建楼主人胡来兴曾三出新加坡创业，在新加坡还多次遭到歹人抢劫，但他矢志不渝，终于建成了永康楼，寄寓"永远安康"之意。

永康楼最为人称道的是那双面贴金的镂空雕刻，金碧辉煌，熠熠闪光，堪称雕刻艺术的精品。那栩栩如生的花鸟草虫，活灵活现的双狮戏球，盘曲游挪的双龙戏珠，各显神通的八仙过海，情节生动的完璧归赵，以及历史人物的一颦一笑、举手投足，无不细腻逼真，惟妙惟肖，形神兼备；它们或卧狮相视，双龙戏珠，万马奔腾，或花篮插花，凤凰牡丹，飞云卷草，或苍龙瞪睛，张口扬髯，势欲冲天，或瓜柱层叠，斗拱飞扬，或睡莲倒悬，花瓣重重，或牡丹雍容，花茎柔纤，花团锦簇，或彩凤展翅，野雉鸣枝，喜鹊闹梅……

据考证，这些雕刻作品是楼主胡来兴、胡云福叔侄专门请上杭著名雕刻师方振荣、方福庆父子雕刻完成的。永康楼从动工到建成仅花一年时间，而请人雕刻却花了整整三年。

永康楼的石雕精雕细刻，更是别具一格。内拱外方的石门框上，或雕刻花瓶异卉，二雀争蜂，或镌刻书卷彩云，凤凰双飞；而门当上则雕刻吉树祥鹿、雄鸡大兔，寄意丰富：鹿谐音"禄"，鸡谐音"吉"，鸡食五毒，寓意避邪大吉。而兔子据我国民间传说，是由天上的玉衡星散开而成，象征吉祥如意、长寿多子。廊道石门上还雕刻蝙蝠对飞、如意结，一种温暖的祈盼，宛若空气中飘浮的阳光。石拱门，石天井，石廊道，石椅，石柱，无不显示出建楼者为追求工艺的精美而不惜工本。客家人素来只擅长用土木建造土楼，墙脚或天井至多采用易于取材的溪石。而采用花岗石建房，似乎是闽南人的绝活。客家土楼一般都没有在大门上雕刻建楼时间的习惯，可是我们发现永康楼却在门框上镌刻了建楼时间：民国二十七年。原来，这些石雕作品出自广东饶平工匠陈根、长春

雀替 / 胡剑文 摄

垂花柱 / 胡剑文 摄

俯瞰永康楼 / 胡剑文 摄

咏汀州（其二）

[宋] 陈轩

一川远汇三溪水，千嶂深围四面城。

花继腊梅长不歇，鸟啼春谷半无名。

师傅之手。或许是楼主人见多识广，来了个一反常态的创新，或许是饶平师傅习以为常的随手雕刻，这已经是一个谜了。

　　永康楼精巧别致、典雅华丽的风格吸引了许多游客来观赏，国际古迹遗址理事会世界遗产协调员亨利博士参观永康楼后，高度评价它"雕塑精美，典雅堂皇"。徜徉在永康楼，我不知道马克图主席、亨利博士为什么对永康楼的华美精致、富丽堂皇表现出如此浓厚的兴趣？难道西方文化更看重"金碧辉煌"的价值吗？但是，我们不得不承认，各种文化都有自己的长处，中西文化的融合，正是回归"中庸之道"的智慧，即所谓"各美其美，美人之美，美美与共，天下大同"！永康楼的真正价值大概也就是中西合璧、融会贯通的价值。

　　"轮奂增辉"的古匾，斑驳陆离的梁枋，"敦诗""说礼"的经典，获新加坡BBM勋章的胡冠仁与总理李光耀的合影，环形廊道的红灯笼，我都淡漠了。

永康楼内景 / 胡剑文 摄

天井里栽种的三角梅、五色茶、满天星……正风姿绰约，清气四溢。它让我突然想起天人合一的情趣与韵致。如果将永定土楼比拟为三类人的话，那么振成楼、承启楼无疑是端庄沉稳的大家闺秀，一般的土楼则是质朴粗砺的乡野村姑，而永康楼却是装扮典雅的小家碧玉。

淡淡的阳光印亮了圆润的永康楼。空中游荡着清凉如水的遥远的气息，一如那凉沁沁的石柱、石廊、石天井赐予我的舒爽与惬意。这是一种大自然裸露纯朴的生命真气与灵气，没有一丁点高档宾馆营造的令人窒息的傲慢与俗气。蹬上咚咚作响的木楼梯，一种生命的绿色回响，遽然点亮了我邈远而深刻的记忆。多少年来，我已丢失了这种记忆。许多人正在丢失这种鲜活的根的记忆。生命变得琐琐碎碎，脆弱而苍白，宛若插在瓷瓶中的塑料花。古朴的杉木馨香阵阵扑来，弥散在我的胸腔里，一种沉醉让我痴迷。我在圆圆的楼道上踥蹀起来。这时，我望见一根根粗大的木柱跟着我走动起来，廊檐上一片片厚厚的青砖黑瓦也浮动起来，碧蓝的一片天空也转动起来。这种奇妙的感觉，一下把我镇住了。先祖的一种叫"智慧的美"穿透了我的心。无法想象，如果我跑动起来，那又会产生一种什么感觉？停下徜徉的脚步，我站在三楼后厅堂上，阔大的窗户吹进来一缕缕绿色的山岚微风。鸟瞰中厅黛青的屋瓦上，苔藓蔓蔓，泛着青白的光。而那株荣枯了几十个春秋的狗尾草，像一支摇曳的小旗，踽踽伫立于青砖黑瓦之间，令游人遐思蹁跹。时光漫漶，还有谁是时间的真正对手？永康楼由喧嚣而沉寂，沉寂在时光之河的淘漉里……

我惊奇地发现，永康楼大门内侧，安奉着一位慈眉善目、手捧金条的白胡子神明。两侧对联曰："公公公十分公道，婆婆婆一片婆心。"原来是"手握黄金赐福人"的土地神福德伯公。讲解员张凯告诉我：永康楼的观音供奉，在大门楼上的厅里。我很讶异。在我的印象中，观音一般供奉在中厅或后厅神龛里。看出我的疑惑，张凯说：楼主当年安设观音时，首先就是想保佑南洋亲人

门上的浮雕 / 胡剑文 摄

的平安，在家千日好，出门一朝难啊。我一下读懂了永康楼的灵魂。

　　永康楼右侧，是一泓清澈的风水池，这在客家土楼极其稀罕。水聚气生，气生人旺。是的，永康楼就是一座温暖的家园，一位时时为异乡亲人祈福的家人。亲人的永康，是人生最大的幸福。

永定福裕楼

福裕楼坐落于永定区湖坑镇洪坑村的洪川溪边，由林氏三兄弟始建于清光绪六年（1880年）。坐西朝东，占地面积7000多平方米。土木结构，外表石灰抹墙，为三堂四落府第式五凤楼。主楼临溪而建，由前院、前楼、中楼、后楼、前后厢房、过水屋、左右横屋等组成，呈九宫格布局。前楼高二层，面阔九间，每三间中开一门，共开三门；中楼高二层，面阔三间，底层厅堂作为祖堂，二层明间为观音厅；后楼面阔九间，高五层半。左右横楼高三层，面阔九间，为内通廊式。楼外两侧还分置厕所等单层护厝。

福裕楼整体依山势而建，三座主楼沿中轴线顺次排开，前低后高，两侧横屋紧密相连，远眺就像三座雄伟的大山一般矗立在河边。据说，这一建筑理念来源于福裕楼三位主人的名字：林仁山、林仲山、林德山。从外面看，主楼与横屋连成一体，浑然天成；走近一看，则又分为三大单元，各自领属。该楼富丽堂皇、雕梁画栋，为府第式五凤楼向方形土楼过渡的典型代表。该楼为洪坑土楼群之一，2001年被公布为全国重点文物保护单位，2008年被列入"世界文化遗产名录"，2009年被列入省级文物保护单位。

链 接：
洪坑土楼群：坐落于洪坑村，三面群山耸立，洪川溪蜿蜒而过，两岸地势平缓狭长，建于不同年代、形态各异的圆形土楼、方形土楼、府第式土楼等数十座客家土楼散列在溪的两岸。

# 洪坑土楼的方圆

奋跃堂

意大利博洛尼亚大学的萨碧娜老师为了研究客家妇女，在世界文化遗产福裕楼住了一段时间，要离开洪坑时，发朋友圈说：离开土楼，心里有点难过。我问她：为什么难过？她说：舍不得洪坑。理由呢？她没说。

青山萦绕、溪水氤氲、水车流转、静谧古朴的洪坑村，恍若隔世的梦，镶嵌在世界文化遗产福建土楼永定景区的偏僻一隅。而福裕楼静静地伫立在洪川溪畔。

洪坑是一块需要不断解读的"活化石"，关于它的方圆及其他。

从巍峨壮观的洪坑民俗文化村新牌楼出发，坐着电瓶车，再回到黛瓦红柱的新牌楼原点，正好是绕着洪川溪的一个圆，它如一个花环披在这个"福建最美乡村"上。

福裕楼外景 / 胡赛标 摄

矗立在中轴线上的木牌楼凝视着我，像一位峨冠博带的古代官员。周围是鸭子地生态停车场，青石处处，碧草萋萋，中门拱立，香樟婀娜。几处黑瓦土墙小平房，几棵硕大的古榕，虬茎系着红红的带子。让我讶异的，是竹丛掩映下的方形小土墙，戴着人字形黑瓦帽，透着小气窗，穿着小石裙，腼腆而质朴。还有大片大片的青石地面，居然镶嵌着一小摞一小摞的黑瓦，画出短短的黑虹。木楼、青石、中门、土墙、古榕、红带、绿竹、黑瓦、中轴线，似乎都在暗示客家的文化密码以及"方"的蕴涵。

走过宽阔的石拱桥，一眼望见塔楼旁的游客服务中心。一圆二方的造型，黄墙灰瓦的色调，让我有种亲近自然的怡然。服务大厅游客如潮。来到客家文化展览厅，一座二层楼高的客家灯盏让我震撼。它是由厦门大学美术系教授设计的客家生活用品。土黄的灯体，圆润而柔婉，亲切而温馨；短小的灯芯，橘红的灯苗，仿佛穿越时光，温暖了童年的梦，是客家文化薪火相传、生生不息的艺术符号。

蜿蜒的游步道，青石墁地，宛如弧形树叶飘落在洪川溪两岸。一排排碧绿的柚

洪坑土楼群 / 胡剑文 摄

树闪过，一座座古朴的石桥驶过，一支支挂着星状"客家明星"的树干扑来，如群星璀璨绽放。画眉长廊，游人在休憩在赏鸟。庆云楼古戏台，艳丽古雅，恍若画境，民俗活动在表演。但我更愿意凝眸方形景阳楼恢宏的气势，四层的窗眼，大红的对联，以及左角静静注视我的瑞狮头，它绚丽沉静的眼神流露出丰富的意味，让我痴迷，让我忘记时光的飞翔，让我联想到墙背有灵性的石敢当、屋脊的公鸡彩塑，还有墙上挂着的镜子。不知什么前世因缘，蓝天、白云、田园、绿树、石桥、溪水、木廊、土楼，都让我有一种亲近的念头，我喜欢它们营造的恬静、寂寞的幸福，享受这种孤独而恬淡的美丽。我有时甚至幻想：许多年以后，如果能变成这里的一棵树，那是多么宁静而美好的境界。

有一条曲曲折折的上山步道通向宫殿式的奎聚楼，通向最高的观景台，我没有走过去。府第式的福裕楼，也早已熟稔。我问萨碧娜老师对福裕楼的印象，她说："我觉得福裕楼很特别，与别的土楼不一样，它不是一个共同使用的方楼院子，三兄弟居住各有各的空间。它的雄伟不在大小，而在它的装饰。"这是一个意大利人眼中的福裕楼。

楼主林中元介绍说，福裕楼兴建于清代光绪六年（1880 年），耗资 10 多万光洋，坐西朝东，占地 7000 多平方米，由原楼主林仁山的朋友、汀州知府张星炳设计。这是一座典型的三堂四落式建筑，中轴线前低后高，错落有致；两座横屋，高低有序，主次分明，宛如五只凤凰凌空飞起，俗称"五凤楼"。楼前设三个大门，主楼和横屋之间有小门相隔，外观连成一体，内则分为独立的三大单元。

清末，楼主三兄弟经营条丝烟和烟刀生意，产品销往日本、东南亚各国，发了大财，富甲永定，官居四品。他们还捐巨资兴办"日新学堂"，也由张星炳设计，是一所典雅富丽、中西合璧的学堂。一座楼由知府设计，实属罕见。福裕楼外形像高低起伏的三座山，隐含楼主三兄弟"三山"之意。坐南朝北、面迎溪水的外大门，石门砖墙，黑瓦琉璃，彩画木雕，飞檐翘角，门联曰"安堵岂云高百尺，爱庐惟幸辟三弓"，门楣题写"昭兹来许"四个大字。

进入外大门，一眼望见河卵石铺砌的宽阔院子和一列青砖围墙，做工精细。透过围墙上镶嵌的"双喜"砖窗，可以瞅见澄碧的溪流、对岸的菜地。

福裕楼正门上方是汀州知府张星炳的楷书"福裕楼"，字迹圆润饱满，福态可掬。门联曰："福田心地，裕后光前。"它让我想到《六祖坛经》说的：一切福田，都离不开善良的心地。心田上播下善良的种子，总有一天会开花结果。

进入门厅，有四扇雕花木门与院子相隔，门上雕刻花瓶纹样，寓意平平安安。穿过院子是中厅，正中匾额书"树德务滋"，对联称"几百年人家无非积善，第一等好事还是读书"，流露出浓郁的传统哲学意味。中厅两侧各有一间浴室，右书"澡身"，左书"浴德"，寓示浴澡精神，修身养德。这些题词对联，虽寥寥数语，却是客家土楼的眼睛，让人窥见其内心世界的浩邈……中厅砖木结构，高大宽敞，面临天井，雕梁画栋，装饰精美。走廊两边各开一个门通往横屋。厅后壁背面为通往二楼的楼梯，通过拱门进入中厅的观音厅。观音厅高大宽敞，供奉观音，青砖铺地，镂雕隔屏，红漆栋梁，绘饰八卦图。厅口平台为琉璃花格护栏，柱间镶嵌琉璃花格屏风，高至屋梁，阳光透过屏风，若明若暗。

从观音厅俯视两边横屋，中厅与横屋间立一堵高墙，青砖直上，将廊门一关，自成

门厅/胡剑文 摄

三家独立院落。这种设计更像一种官府衙门的风格，有种"庭院深深深几许"的厚重威严之感。转到后厅，是五层楼高的"培德居"，巍峨的楼层，剥落的墙壁，祥云纹门当，斑驳的户对，黯淡的窗棂，让人觉得仿佛穿越历史时空。是的，福裕楼本质上是厚重的，威严的布局，高峙的砖墙，阔大的琉璃，清冷的瓦当，铁皮的木门，深刻的匾联，营造出一种浓郁的"礼教"氛围。客家的孩子特别知礼懂事，是否与这种环境有关呢？走出横屋，我回眸门楣题字"常棣""华萼"，一股兄弟温情从心底涌起……

穿过溪水潺潺的外婆桥，来到林氏家庙。它蕴含着许多家族文化密码。二十四根石笔代表文官或武将，矗立在氤氲的夕阳下，流动着一种磅礴的气韵、迷离的金色。

洪坑村38座土楼，每一座都是建楼者品格修养的雕塑。振成楼的天空浑圆迷人。它外土内洋，外圆内方，儒中蕴佛；它是传统的精灵，又是现代的文明；它是中国的话语，又是西洋的姿态：地板土石相生，柱子木石相间，墙壁土砖相谐。它不偏执一端，不固执一点，包容中庸平和大气，宛若那浑圆的天空与柔顺的墙体……

从方楼福裕楼的飞檐斗角，到圆楼振成楼的浑圆顺合，天空显得更亮，天地显得更宽。是谁，第一个将方楼变成圆楼？哪一座是最古老的圆寨？仍有许多土楼之谜需要时间来考证。但方代表一种坚守，一种正直，一种执着；圆代表一种吸纳，一种包容，一种变通。方是楼角铮铮的境地，让人敬畏；圆是圆通完美的境界，让人愉悦。方和圆，各有各的智慧，代表人生不同阶段；由方而圆，由幼稚变为成熟，最终走向圆通融合。

伫立于红灯高悬的仿古牌楼前，回眸余秋雨的题字"着土为大，因圆而恒"，我的思绪一下又被点亮：用伸缩自如的泥土才能构筑宏大，因圆通顺变才能永恒完美。我们平凡生命以及世间万物的奥秘，不也是这样么？

永定承启楼

承启楼位于永定区高头乡高北村西北部，又名"天助楼"。起建于明崇祯年间（1628—1644年），完工于清康熙四十八年（1709年），1930年大修。

该楼为圆形土楼，坐北朝南，占地面积约5370平方米。整体由正中圆形祖堂和四圈同心圆环形建筑组成，为内通廊式，外高内低，逐环递减。外环为主楼，直径约73米，高四层，底层为厨房，二层为粮仓，三、四层为卧室。第二环高二层，砖木结构，每层40开间，底层为客厅或饭厅，与外环底层厨房相对门，楼上为卧室。第三环为单层砖木结构，共32开间，各间与内环的相应房间以青砖隔墙，围合成独立小院落。正中第四环为单层歇山顶的圆形祖堂，是楼内居民举行重大仪式的场所。祖堂内保存有包括国民政府主席林森在内的众多名家政客的题匾，还有十二扇楠木板连接而成的清代寿屏。祖堂与前侧弧形回廊、院门围合成马蹄形天井，楼后东北方约20米处还建有两层土木结构的长方形学堂。

承启楼壮观宏伟、气势非凡，为环数最多的客家内通廊式圆楼，被誉为"土楼之王"。该楼于2001年被公布为全国重点文物保护单位，2008年被列入"世界文化遗产名录"。

链接：

高北土楼群：位于核心位置的为承启楼，东面为世泽楼、五云楼，西面为侨福楼。每座土楼都保存完好，周边均铺设青石板小道相通，同时分别有一条青石板路通到楼后的总干道，并延伸到后山腰。

# 🀄 高北土楼蕴古韵

林登豪

在永定城关上越野车，奔驰了 47 千米就到了高头乡高北村。登高眺远，圆形的承启楼、侨福楼，方形的五云楼、世泽楼闪进我的视野。高北土楼群背靠海拔 800 多米的金山，正面为永定至南靖的过境公路，高头溪水悠然地自东而西流过，汇入金丰溪，也滋润了这一大片土楼。规模宏大的高北土楼群千姿百态、结构巧妙、参差错落、气势磅礴，与高北村融为一体，居高远眺，它们如积木一样散落在这片红土地上，似夕阳下的长龙呈现于眼前，冲击和震撼了我的视觉。近黄昏的阳光柔柔地斜照围楼墙，显得更可爱可亲，给我一种轻缓闲适的感觉，胸中荡起一泓清气。

一转身，承启楼步入我的双眸。这座圆楼建于明崇祯至清康熙年间，时跨数十年。因以环数最多、规模最大，而成为永定"土楼之王"。它鼎盛时期有 800 多人居住，至今仍有 300 多人。1986 年 4 月，国家邮电部发行"中国民居"邮票套票，内中面值一元的"福建民居"，即是承启楼的模型。在台湾桃园"小人国"中，与万里长城、故宫、天坛并列着的也是承启楼的模型。2008 年 7 月 7 日，该楼作为永定土楼群重要代表之一，与其他福建土楼一起，被列入"世

承启楼外景 / 姚洪峰 摄

界文化遗产名录"，成为中国第三十六个世界遗产项目。

　　承启楼作为高北土楼群的"领军"楼而名扬海内外，它与东侧紧邻的世泽楼形成巧夺天工的"方圆一线天"。随着申遗的成功，越来越多的慕名者结伴来参观。它们承载着灿烂历史的建筑形式进一步得到世界的认可，联合国教科文组织迪安博士等许多海内外的专家学者赞叹该楼是中华文化中璀璨夺目一明珠。

　　承启楼楼主为江集成（1635—1719 年），字佩澜。他不但勤劳节俭，农闲时常提着粪筐四处捡拾猪牛粪，而且颇有创业精神，想方设法买进五云楼。改造居住后，总认为楼小气势不够，又筹建了承启楼。明崇祯年间（1628—1644 年），他带领 4 子、20 孙、72 曾孙开始营造承启楼，历经数十年，终于在康熙四十八年（1709 年）完工。它矗立在高北土楼群的核心，背靠翠绿的金山，面对高头溪的流水，与田园融成一幅古朴的山水画。它把传统的风水学

承启楼内景 / 黄振文 摄

在建筑上发挥得淋漓尽致，使土楼和四周的环境相呼应，它们亲山亲水的风格，是"环境和谐型"的典型形式。

承启楼占地 5000 多平方米，高 4 层，直径约 73 米。当时夯筑该楼外环土墙时，适逢天公作美未降雨，土墙幸免雨水淋蚀之磨难，先祖说"天助我也"，故又名"天助楼"。江集成以自己的智慧与熟悉地理的专长，选择了坐北朝南的一块宝地建

承启楼通廊／黄振文 摄

楼，把地势、风向、水势与土楼的布局结合起来，采用象征、寓意等手法加以表现，还特别强调阴阳适中和谐。有诗为证："门前流有双溪水，楼背可立石牌楼。左有方圆一线天，右有莲藕满池塘。东有竹木来献瑞，西有右庙闻钟声。南有腊月梅花香，北有松林夜赏月。"该楼凝聚了中华文化天圆地方之灵气。

这座气势非凡的"圆楼王"，拥有四座同心环形建筑，内通廊式平面。外环底层是厨房，二层是粮仓，这两层都不开窗，三、四层作卧室，冬暖夏凉。各层都是 72 开间，外墙、门厅、楼梯间用生土夯筑而成，厨房、卧室用土坯砖砌成。二层以上挑梁向圆心延伸，构筑略低于栏杆的屋檐，并以青灰瓦盖面，便于晾晒农作物。俗语谓："承启楼，高四层，楼四圈，上上下下四百间；圆套圆，历经沧桑三百年。"

楼主江集成崇文重教，在土楼的三环单层开办私塾，聘请德高望重的先生授业解惑，又专门辟出其他房间作为女孩的书房。大楼落成以后，也算是出了

高北土楼群 / 黄振文 摄

一些读书人，先后有 30 多位贡生、庠生（秀才）、监生，80 多个博士、教授、科学家、作家，其中不乏女性；内中有一户人家，先后出了 10 个博士，真是"土楼之王"的书香门第。土楼是客家人的"根"，每一代的长者都勉励后辈以耕读为本，在和衷共济的土楼时空中，点燃熊熊的文化之火，妙悟人世间的风云。承启楼大门的楹联"承前祖德勤和俭，启后孙谋读与耕"，就是这方奇异的栖息之地的缩影。

这座结构奇巧的土楼，外高内低，逐环递减，错落有致，中为天井，第四环是祖堂。祖堂屋顶为歇山顶式，雕梁画栋，大门两侧以绘画和砖雕点饰；厅堂悬挂清代至当代名人题写的"邦家之光""兄弟选魁""世德书香""笔花世第"等匾额，这些题词有的笔触苍劲、古拙入巧、疏密有致，古朴中见灵动，有的大气磅礴、雄浑豪放、潇洒飘逸，令观赏者陶醉在艺术享受中。两侧石柱上镌刻着"一本所生，亲疏无多，何必太分你我；共楼居住，出入相见，最宜重法人伦"的对联，这副对联，对仗工整，意境深邃，警示历代子孙要重视人伦、和睦相处，劝导人们大善大爱，和而求同。这见证了楼主世代立家做人的准则和家族意识、民系意识。

永定拥有一万多座土楼，是古民居建筑的奇葩。有殿堂式围楼，有府第式方楼，有宫殿式方楼，有八角形楼，有五角形楼，有前圆后方式楼，有半月形楼，有一字形楼，有宫字形楼等三十多种，但最具特色、最有气势的当数圆楼。

据说，20世纪70年代，永定的圆楼还"藏在深闺无人识"时，美国的卫星拍摄到土楼的图片，经情报机构研究后，误将其视为中国的核反应堆、导弹核武器发射基地，引起决策层的躁动和不安。有关部门立即行动起来，几经周折，终于通过实地侦察，才弄清是土楼民居。这一传说虽然缺乏事实依据，但是从高空鸟瞰土楼，确似核反应堆等，难怪日本东京大学教授茂木计一郎先生把承启楼喻为"地下冒出的大蘑菇"。聚族而居的圆楼散射出城堡的神秘，是客家文化的象征，是一部读不完的百科全书。

其实，永定土楼折射出客家人潜意识中崇尚圆、追求"天人合一"的理念，这不就是客家人的集体无意识在建筑学上的体现吗？中华传统文化强调"天圆地方"，"圆是天，是宇宙的表象"。圆楼最具有向心力和统一性，最能体现家族包容、团结、美满的意向。土楼中有这么一副楹联"团圆宝寨台星护，轩豁鸿门福祉临"，正充分显示了客家人崇尚圆的文化习俗。

我徜徉在圆形土楼的代表作承启楼中的小巷，耳边回荡着女导游的解说词：该楼墙内以毛竹片和小杉树作墙筋，墙身向内倾倒，起着极好的抗震作用。1940年正月永定境内发生大地震，震塌了不少楼房，而承启楼却岿然不动。哦，了不起的"圆楼王"，好一座抗震的承启楼！

每逢重大节日，承启楼必在祖堂摆出为十六世祖江建镛71岁寿辰制作的巨型屏风。它由十二块两米多的屏面组成，精雕细刻了"鹿乳奉亲""扼虎救父""弃官寻母"等二十四孝图。这屏风图文并茂、内涵丰富、寓意深刻，突出体现了客家人敬祖睦宗、孝老顺亲的传统美德，也显示客家人对当时群居生活的物质和精神需求。这种文化氛围在当今社会依然体现出实用的价值，令人深思、感悟。

周旋在各种各样的土楼中，我只觉得高北土楼群飘荡出浓浓的沧桑古韵，蕴含客家人的一种气势。梁思成说："所有的建筑都是人造出来的，可它们一旦屹立在大地上就有了自己的生命，人站在伟大的建筑面前反而会感到自己的渺小卑微。"

客家人从中原河洛南下，他们迁徙的脚印溢出的是汗与泪，更是拓荒垦殖的坚忍。他们来到永定建起了一座座土楼，数十户人家同进一道沉甸甸的大门，共饮一口甜甜的井水，共享有限的空间，全楼上上下下共同恪守宽容谦让、同心协力的道德准则，进一步体现了客家人的血缘关系中"拳头向外打，手指朝里弯"的群体性格，衍生了叙说不尽的情缘。

伫立在土楼群前，我发现越过世纪风云之后，客家人依然保持着淳朴、鲜活、坚忍、顽强之民风。它成为客家人走出去的"名片"，犹如天地间的一道光芒，照亮所有客家游子前行的路……

永定衍香楼

衍香楼位于永定区湖坑镇新南村南溪与奥杳溪的汇流处，建于清道光二十二年（1842年）。为直径约40米的圆形土楼，坐东北朝西南，占地面积约4300平方米。该楼依山傍水、圆中有方、构思精巧、布局严谨，是福建土楼中风格独特的圆形土楼，也是客家人崇尚风水理念的典范之作。

楼外围墙环绕，弯弯曲曲，形似卧龙。据说当年建楼时为图吉利，特意将围墙设计成蜿蜒盘桓的龙形，龙头为西侧的外大门，有驱邪压煞之用。外环楼为内通廊式，高四层，墙体厚度自下而上逐层递减。为穿斗抬梁混合式木构架，每层34开间。底层和二层不开窗，分别设厨房、膳厅和粮仓，三、四层为卧室。祖堂位于楼内中央，为单层方形砖木结构，歇山顶，雕梁画栋，古朴典雅。楼内楹联众多，文化内涵丰富，充分展现了楼内居民的生活目标和理想追求，弥漫着浓郁的书卷之香。外环楼门楼、后厅分别与祖堂围合成两进院落，院落两侧山墙外附建弧形厢房。后厅为宽敞的豁口厅，供奉神座。楼后围墙约百米外有一座后花园，为旧时楼内子弟读书、练武、休闲之所在。

衍香楼背靠青山、风景别致、建筑精致、保存良好，又与周边各种形状的土楼交相辉映，同时楼内居民崇文重教、人才辈出，是典型的书香门第。该楼于2008年被列入"世界文化遗产名录"，2013年被公布为全国重点文物保护单位。

# 递衍云仍翰墨香

王贵垣

这是永定著名的"三群两楼"中"两楼"之一的单体土楼，是一座值得大书特书的世界文化遗产建筑。其建筑造型特点是圆中有方，外环是一圈圆楼，内心却是一座方楼，从高空往下看，就像一枚古代的铜钱。其楼名"衍香楼"，就是"烟香楼"的谐音，是永定客家人经营条丝烟发家致富盖起大楼的典型代表。如此大大方方地表明烟商致富，用铜钱造型，这难道是一座为知识分子所不屑、充满铜臭味的土豪之楼？待你有缘分有机会走进她，才会发现，如此望文生义，严重失误矣！

衍香楼外景 / 朱裕森 摄

　　从莆永高速公路岐岭出口下高速，再走一段清洁宽阔的土楼公路，我们就来到坐落于永定区湖坑镇新南村、始建于清道光二十二年（1842年）的衍香楼。该楼位于南溪与奥杳溪的汇合处，坐东北朝西南，占地4300平方米。外大门设于西侧，门额镌刻"大夫第"三个大字。窃想，这应该与闽西乡村众多大夫第基本上通过捐纳获得正五品奉政大夫或从五品奉直大夫散阶虚衔的情况相同。查询后获知，衍香楼建造者果真是发财之后援例捐纳从五品奉直大夫，其府第正可题上"大夫第"三字。门额下是"积德多蕃衍，藏书发古香"的凤尾格对联，嵌"衍香"二字。

　　客家俗话有云："千斤门楼四两屋。"此话一点不假！衍香楼的外大门乃重檐歇山顶、石条门框、石质青砖，加上雕梁画栋、壁画灰塑，确实是古朴典雅、稳重厚实、恢宏大气。而最能反映建楼人旨趣的，恐怕还是条幅诗与条幅家训。

　　门联两侧是条幅诗："结庐梓里，身世安闲。近水得月，开门见山。弟昆燕饮，亲族桂还。浮文悉屏，俗虑都删。篇章手辑，稼穑心关。诗书教子，

衍香楼外大门/唐华 摄

衍香楼内景／唐华 摄

道德订顽。以游以钓，不谤不讪。藐然中处，拜孔揖颜。——光绪丙申书。"
押的是平水韵之下平一先韵，是四言排律，除首尾联外，其余各联都是对偶
句式。内容着实耐嚼耐品，吾最喜结句"拜孔揖颜"，"孔"指孔子，"颜"
指颜回，崇儒思想跃然其上矣！

再两旁是条幅家训："大圣垂训，孝弟为先。出入有常，礼义不愆。门象
乎地，居则乎天。昭兹来许，行方志圆。于叟种德，大厥门间。乃增华而踵事，
望复望予跂予。——光绪丙申春月书。"前面四联同样是押下平一先韵，只是
结尾"间""予"换韵了，换成上平六鱼韵。押"先"韵的部分，中间两联也
是对偶句式。内容强调"孝悌""礼义"，亦是儒家思想。诗与家训的落款时
间均为光绪丙申，即公元 1896 年。

进到里面，龙形围墙内，全部是鹅卵石铺就的坪地和檐阶。围墙也是鹅卵
石砌成，长约 50 米，宽约 30 厘米，弯弯曲曲，形似卧龙。龙头为西侧的外大
门，门楣左右各镌刻四条龙，构成"福""禄"二字，楼主称"八龙迎福禄"。
据说，当年建造此楼时，因外大门找不到更好的朝向，只能选择内楼门偏西方
向，但它正对楼侧的小溪，而且又是顺溪水流向，再加上楼后就是山坳，俗称
山寨，为图吉利，特地将围墙设计成卧龙形状，寓意驱邪镇煞，体现了中国传

统风水学说的建筑规划理念。

　　楼两侧和后侧的围墙顺着地势而建，前低后高，跌宕起伏，其中一部分为石砌墙体，大部分以生土夯筑而成。西侧和后侧建有两层高的学堂和乐堂，东南面有碓硾间等，均为土木结构，其外墙与围墙相连。

　　主楼圆形，高 13 米，共 4 层，内部直径约 40 米，再加外沿垂檐滴水 2.5 米。土木结构，内通廊式，两面坡瓦屋顶，穿斗抬梁混合式木构架。外墙厚度自下而上逐层递减，底层厚 1.5 米，第四层厚 70 厘米。每层 34 开间，底层为厨房、膳厅，二层作粮仓，外墙均不开窗，三、四层为卧室。二层以上每层廊檐下设木结构小储藏室。

　　入门厅与内通廊交接处有左右拱门。门额分别为 "规行" "矩步"，出自颜之推《颜氏家训》。入门厅与中厅、后厅同在中轴线上。中厅位于内方楼里。这种内方外圆的构造，既寓意中国传统文化天圆地方的概念，又寓示人们为人处世要做到内方外圆。孟子曰："规矩，方圆之至也。"中华五千年的人

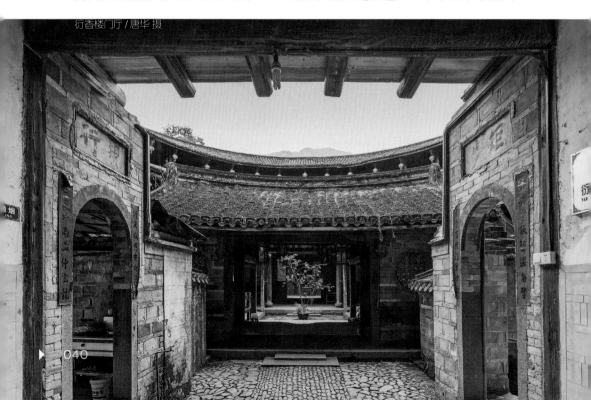

衍香楼门厅／唐华 摄

生智慧浓缩于方圆之中，方是做人的脊梁，圆是处世的锦囊，有圆无方则不立，有方无圆则碰壁，只有方圆结合，才能交出一份合格的人生答卷。

中轴线上三个厅均有嵌楼名对联。

圆楼大门联："云仍递衍，翰墨流香。""云"指云孙，"仍"通"礽"，指礽孙。从自身开始算起，第一代本人，第二代为子，第三代为孙，第四代为曾孙，第五代为玄孙，第六代为来孙，第七代为昆孙，第八代为礽孙，第九代为云孙。所以"云仍"二字合起就是指后代、后人、子孙之意。据说，这楼名"衍香"，除谐音"烟香"纪念因经营条丝烟发财之外，也是为了纪念建楼人苏玉珊、苏玉池的祖父苏谷香，是他手上发财致富，奠定了建楼的经济基础。

内方楼门联："衍系溯眉山，光分五局；香名流许国，朗照金莲。"上联追根溯源，这建楼人苏玉珊、苏玉池兄弟，乃出自四川眉山"三苏"一脉。在整个中国大地，苏东坡父子三人的名气太大了，几乎妇孺皆知。"五局"，据五行学说，天下之光，分白、黄、红、青、黑五种颜色，所以有"光分五局"

之说。下联，"许国"指苏瑰，唐朝时的苏氏"四代相印"之一，在唐中宗时，封为许国公，谥文贞，因此后人尊称为"许国文贞公"。全联大意为：这"衍香楼"的苏姓谱系与声名，可以追溯到宋代的"眉山三苏"和唐代苏氏的"四代相印"，历史上祖宗的荣耀，可以说是光昭日月，朗照乾坤！

后厅神龛联："种德多，随居蕃衍；读书好，出口生香。"与入门厅口对联一样构成首尾呼应，也是凤尾格嵌字，也是强调积德、读书。结句"出口生香"，化自成语"出口成章"，似乎境界还更高。读到此，你还能说衍香楼是土豪之楼么？说她是永定书香门第的最典型代表，亦毫不为过。

事实上，衍香楼确实是人才辈出。年代久远的不说，从 20 世纪 50 年代至公元 2000 年举行 120 周年楼庆时，涌现了大学教授 6 名，中学老师 18 名，小学老师 33 名，博士 2 名，硕士 15 名，学士 76 名。另外，旅居海外的宗亲有 1000 多人。

这就难怪著名古建筑文物保护专家郑孝燮于 2000 年元宵节前夕考察衍香楼和不远处的土楼遗址后，按捺不住诗兴大发，写下两首诗。一首为《永定客家土楼》："绝无仅有天地间，外如城堡内家园。中原几度经战乱，聚族迁居千百年。"另一首为《衍香楼》："远山近水土圆楼，隔壁残垣且伴留。耕读传家犹传世，诗情画境乐悠悠。"书香门第衍香楼，名副其实矣！

稍显遗憾的是，衍香楼所有的对联均没有镌刻在石门框上，需每年用红纸写就张贴。敢情是建楼人不愿子孙后代偷懒，需代代勤练书法，把老祖宗苏东坡的苏体发扬光大，年年书写年年新？其实，石门框对联也好，手写对联也罢，最关键的是要诗礼传家，要有儒家积极进取、"修齐治平"的家国情怀！如此，请允许我撷取圆楼大门联中的七字"递衍云仍翰墨香"作结，诸君以为如何？

永定振福楼

振福楼位于永定区湖坑镇西片村，由经营条丝烟致富的苏振泰兴建于民国二年（1913 年）。为两环圆形土楼，坐北朝南，占地面积约 4000 平方米。

振福楼外环为内通廊式，高三层，直径约 44 米，按中国传统的八卦格局建造，共有三厅 96 间。大门设于正南面，门框石质，门扇以铁板封面。门厅与底层内通廊交接处分别设一道砖砌拱门，门厅以河卵石铺就。内环为单层砖木结构，祖堂位于内环后向，高 6 米，宽 6.6 米，雕梁画栋，富丽堂皇，前后向还分别有两根西洋式花岗石圆柱。内院弧形厢房与长方形大厅围合成马蹄形天井，大厅又与外环楼底层祖堂围合成院落。西南面围墙内有砖木结构的条丝烟加工场，坐西朝东，由单层门楼、中楼和后向二层七开间楼房围合成独立院落。

振福楼依山傍水、典雅精致，是永定条丝烟繁荣兴盛的历史见证，也是人与自然和谐共融的经典土楼之一。该楼不仅按传统的易经八卦布局，文化内涵丰富，而且还深受近代西方建筑风格的影响，在整体布局、空间结构、功能设计等方面独树一帜，为传统客家土楼的创新之作。2008 年，该楼作为 20 世纪初期客家土楼融合近代西方建筑艺术和传统东方园林艺术的杰作，被列入"世界文化遗产名录"，2013 年被公布为全国重点文物保护单位。

# 振声金玉　福泽海天

墨　痴

　　永定土楼有"三群两楼"被列入世界文化遗产。"三群"中，文化气息最为浓郁者乃振成楼，应属公论。改革开放以降，观者云集，论者详备；笔者亦多次徜徉其间，反复观摩，流连忘返。愚今独表世遗单体土楼振福楼，人谓之为振成楼之姐妹楼；又云振成楼乃"土楼王子"，振福楼则为"土楼公主"是也。

　　事实上，振成楼建于民国元年（1912年），振福楼建于民国二年（1913年），楼主苏振泰是先参观了环极楼，继而更多的是实地详考有姻亲关系的振成楼而模仿建造也。

　　该楼坐落在湖坑镇西片村南溪河畔，坐北朝南，占地约4000平方米，楼前屋后竹木掩映，青石小路四通八达。

　　外大门则位于东南面，与围墙连在一起，门面朝向溪水上游。大门对联"凤

振福楼外景／黄振文 摄

俯瞰振福楼／陈曙光 摄

门廊 / 陈曙光 摄

起丹山秀，蛟腾碧水环”，描绘的即是振福楼所处的地理位置、周围景色，确实是背靠青山，门环碧水。横额“眉山”，表示其祖上与历史上有名的“三苏”（苏洵、苏轼、苏辙）是有渊源的，或是其后裔亦不足为奇。此联书法，包括“眉山”二字，是标准的苏体，由颜体化出，功力深厚，而又不失天真烂漫，非大方家而莫为也，抑或乃集苏字而成。

进到楼内，可以看到，该楼由内外两环同心圆建筑组成。外环直径约 44 米，高 11 米，共三层，墙厚 1.6 米，外沿垂檐滴水 2.5 米，土木结构，按照中国传统的周易八卦格局建造，内通廊式，两面坡瓦屋顶，穿斗抬梁混合式木构架。

内大门也就是外环大门，设于正南面。外环有 32 开间，三层共 96 间。底层为厨房、膳厅，二层为粮仓，均不开窗，三层为卧室，这才开窗。底层内通廊以河卵石铺面，房间内以青砖铺面；二、三层则全部以青砖铺面，以便更好地防火。外环门厅与底层内通廊交接处分别设一砖砌拱门，左右门楣分别书“入孝”“出弟（悌）”。外环只设一个缝门，位于西面。

内环只有一层，除内环门和祖堂外，左右为弧形厢房，分别有三扇拱门朝向内环圆心天井，门楣分别书“蓟都”“郢都”“临淄”“大梁”“阳翟”“邯

郸"，均为中原故都之名，充分表明楼主对中原故土的深切怀念之情。

两环之间为河卵石铺面的天井，左右分别有水井，俗称阴阳井。外环左右两侧为官帽耳房，左耳房为学堂，有四个房间，高三层，砖木结构；右耳房为烟棚等设施，六间一厅，高两层，土木结构。

全楼大小门框、门柱、厅柱、屏柱、门楣、门槛均采用青条石。

同样是内外两环同心圆，同样是门厅、祖堂、后厅同一中轴线，人们都说，振福楼却比振成楼还更精致。窃以为，更精致者有二：用料更讲究，石料、木料、青砖、屋瓦等都更好；做工更精细，砌石砌砖、木刻梁雕、泥塑壁画等无不美轮美奂。

愚最属意者，乃其楹联，其联墨之上佳，足可称福建土楼之翘楚。套用其中一句上联，真可谓是"振声金玉集"也！

愚今单表中轴线上的外环大门、内环门柱、内环大门、祖厅石柱、祖厅屏柱对联。

外环大门对联："振衣千仞，福履万年。"上联化自西晋左思《咏史》名句"振衣千仞岗，濯足万里流"。与振成楼的一副长联"振衣千仞岗，濯足万里流，大丈夫不可无此气概；成一代完人，作万世师表，士君子皆应有是胸怀"有些相似。横批"景星庆云"乃一固定成语，比喻吉祥的征兆。"庆云"，五色云，祥瑞之云。横批上头，写着硕大的"振福楼"三个字，有上下款，可知乃清末著名书法家汪洵（1848—1915年）所书。汪乃江苏阳湖人，光绪十八年（1892

内环楼山墙 / 陈曙光 摄

内环门/陈曙光 摄

年）进士，点翰林，授编修，与吴昌硕、张祖翼、高邕之并称清末民初"上海四大书家"。振福楼很多对联都是他写的。

内环门柱联："振兴有庆瞻轮奂，福履同绥颂炽昌。""轮奂"源自"美轮美奂"，常用来形容新居很漂亮；"福履"即"福禄"；"炽昌"源自"乃炽乃昌"，是旧时新居落成常用语，预示家业兴旺昌盛。横批"云蒸霞蔚"，指像云霞升腾聚集起来，形容景物气象灿烂绚丽。此联乃何绍基之孙何维朴（1842—1922年）撰书。其乃湖南道县人，同治六年（1867年）副贡，官内阁中书，协办侍读，江苏候补知府，清末任上海浚浦局总办，工书画，以山水画著称。看到这里，我不由得豁然开朗，怪不得振福楼有那么多类同于颜体字、苏体字、何体字的联墨瑰宝，盖因苏、何俱从颜体化出，端的是品行端正、雍容大度，真的是有庙堂之气啊！仅此一项，振福楼之文化底蕴、气韵格调，不知要比其他土楼高出多少倍。

内环大门联："振翮凌云，鸾翔凤翥；福田种德，桂馥兰薰。""鸾"与"凤"同为鸟类，"桂"与"兰"同为植物类。横批"为善最乐"，出自《后

汉书·东平宪王苍传》："日者问东平王，处家何等最乐？王言为善最乐。"永定土楼有不少楹联中讲到"东平王格言"，就是指"为善最乐"，道出人生真谛，高境界也。

祖厅柱联："振其家声，忻翰麟趾祥呈、凤毛德备；福君门祚，定卜鸿畴嘉锡、燕寝香凝。""其"乃虚词，"君"乃实词，构成文言人称代词的小类工对。"麟""凤""鸿""燕"，俱为动物名称词，也是小类工对。

祖厅屏柱联："振声金玉集，福泽海天宽。""金玉"与"海天"是自对，下联境界恢宏，胸襟很大，这都归功于上联振作之声铿锵有力，和谐有韵。这一因一果的内在逻辑关系是多么的紧密！这又能给人以多少感悟呢？

振福楼依山傍水的环境，圆圆的外形与天穹呼应，本色的土墙与大地密接，美观的造型与山水交融，构成一幅充满乡土气息、巧夺天工的绚丽画卷，美不胜收，令人叹服！尤其是这些刻在石门框上的对联，精雕细镂，联语隽永，书法精湛，给人以很美的艺术享受，又让人从中获得人生启迪……

湖坑南溪河畔的振福楼／朱裕森 摄

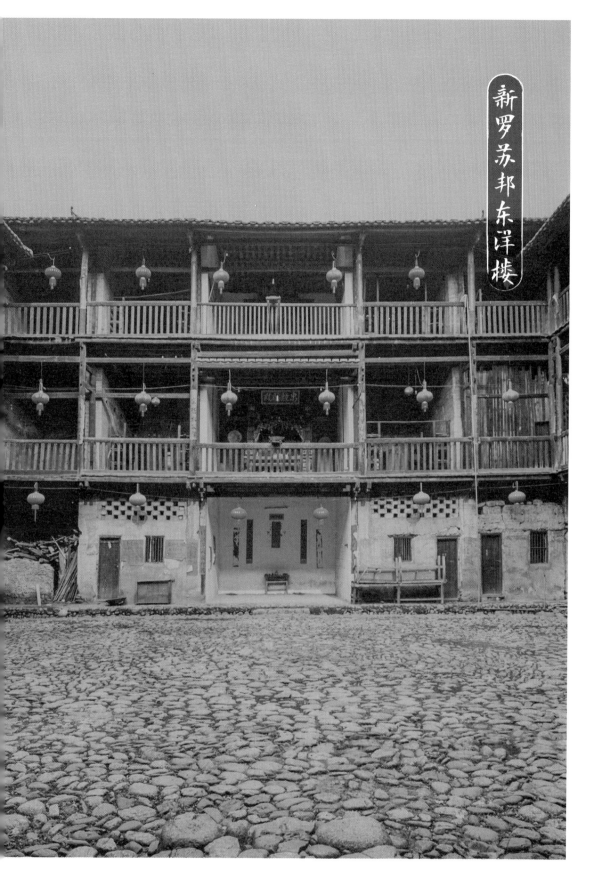

新罗苏邦东洋楼

苏邦东洋楼位于龙岩市新罗区雁石镇苏邦村,坐东朝西,为外圈护楼和内圈主楼围合成的方形土楼,呈"回"字形布局。占地面积5000多平方米,建筑面积4000多平方米。清顺治十一年(1654年)修建竣工,清康熙六十年(1721年)又开始重建。主楼居内围,大门朝西,高约15米,共三层,每层22间房,二、三层为内通廊式。临西大门右侧设楼梯一部,可通至顶层。外楼环主楼而建,大门朝北,共二层,每层48间房,设楼梯八部,三个转角处建有突出1.5米的防护角楼。底层正对大门的厅堂是当地陈姓的祖堂,中间大型庭院由大小不一的河卵石铺砌,并设一口水井。祖堂和庭院是举办祭祖等重要活动的场所。由于东洋楼建于小盆地中央,为了增强防御力,在外楼四周挖有宽达3—4米的护楼河,靠吊桥进出,整体结构形如渔网,故又被人称为"网形楼"。

东洋楼三楼正厅设香案,祀苏邦陈氏开基始祖牌位,每逢年节或初一、十五,族人都依次上香,追缅始祖。二楼正厅设八世祖、福宁府总兵陈士恺牌位,以纪念其抗倭功业。

苏邦东洋楼为当地外环护楼河的两环方围土楼的代表性建筑。该楼于2013年被列入省级文物保护单位。

#  一座楼的坚守

邱德昌

一座庞大的土楼，遗世独立于一片山野和矿区。

屋中有屋，楼中有楼，楼下是护楼河，省级文物保护单位东洋楼就这样孤独地站在一片现代化建筑群中。楼内，人去楼空，偶有游人进出；楼外，一片钢筋丛林和无烟煤采矿区。西北的世界遗产永定土楼，距离它120千米之外。相比之下，这里，孤寂而落寞。

东洋楼的楼主陈水木说，我们也是客家人。这让我十分惊奇，难道这座楼孤立于河洛文化丛山之中？那一围之水，是如何守护着楼的过去与未来、荣

俯瞰东洋楼/朱裕森 摄

东洋楼外景 / 朱裕森 摄

光与梦想？的确，刚听到东洋楼的名字，就很诧异，楼内还供着一把长达 1.75 米长的日式指挥刀，莫非楼主与日本有关？楼主陈水木说，指挥刀是八世先祖士恺公于清康熙年间抗击倭寇，守海防有功，得皇上恩赐之物。我想，陈士恺官至福宁府总兵，常年守护朝廷南海，东洋指挥刀应该是缴获而来的。但楼名却是之前已取了的。东洋楼陈氏入闽始祖雍公于唐开元二十八年（740 年）从浙江湖州迁至福建永安贡川，其一支迁至连城隔川开基，明正统至景泰年间，第三十二代先祖陈宗友再迁苏邦开基，被尊为一世祖。

但凡开基，均绕不开一个吉祥的故事。陈水木果然讲述了一个故事：明万历四十年（1612 年），陈氏后人在湖营（即现在的苏邦）以养鸭子为生，奇怪的事发生了，在如今东洋楼所在田间活动的鸭子，每只每天均生两个蛋。认为这里是块风水宝地，于是陈氏先祖购得此田开始建楼。初建成四层土堡，但因水患而废。至清顺治七年（1650 年），开始重建大型防水防匪土楼。后又有重修。一直至乾隆十七年（1752 年），一座恢宏精美的东方古堡终于完成。该楼坐东向西（坐卯向酉兼乙辛），辛对羊，楼名一字取"东"字；房子是建在沼泽地上，加上大楼四面环水，"羊"便加水成为"洋"，东洋楼得名之由来终于云开雾散。

东洋楼是福建罕见的有护楼河的土楼，内外两圈，呈回字形。外楼二层共 96 个房间，内楼三层共 66 个房间，合计 162 个房间。东洋楼之奇特，在于四面环以宽 3—4 米、深 1.5—3 米的护楼河，出入靠一吊桥。四个转角中，三个角建有防护角楼。楼虽由生土夯建，但楼的墙体最底下的墙基由五六十厘米的大鹅卵石垫底，石缝中填以小石块，使其相互挤紧牢固。难怪自楼建成以来，历经沧桑与战火，大门从未被土匪攻开过，三百年来经历过无数次自然灾害与战火洗礼，安然无恙。史载 1930 年 7 月，龙岩东方片最大悍匪刘烈波率百余土匪掠杀该村，村民全部躲进东洋楼防御，仅凭十条枪便守住该楼，并毙伤土匪十余人，保护了村庄村民和一万多公斤粮食的安全。而能轻松进出该楼的武装却是前一年来的红四军。当时，朱德与毛泽东率领的红四军从井冈山下来入闽，并取得三打龙岩城的辉煌战绩，解放龙岩县大部。为破蒋介石"三省会剿"，军长朱德亲自率红二、三纵队出击闽中永安。他在攻打白沙镇前，就是住在东洋楼内休憩和指挥作战，后面东洋楼赤卫队的枪支，就是朱德率领的红军为当地赤卫队员留下的。红军还向当地村民购买了大量物资。四川客籍的朱德，就此为同为客家的东洋楼留下了一段难得的红色经典故事。东洋楼内，一层祭福德神，即祭土地神；二层奉祖宗灵位，历代祖先，依次排列，无一遗漏；三层则祀定光古佛和观音。定光是客家人的保护神，从中可以看出，东洋楼一直静静地守护着客家文化。有意思的是，在二层楼的一个房间，我看到了保存完好的"文革"期间的标语和毛主席语录，还有林彪语录，楼的时空仿佛都定格在了那个时代，这的确神奇。还有一奇，楼内一层石基是由无数鹅卵石圆圈组成的方圆世界，但桌子无论如何安放，均平坦不斜，真是奇妙之至。

东洋楼，守护着一代代陈氏家族的平安，守护独特的客家文明薪火。苏邦村湖营建于隋代以前，比唐天宝年间兴建的苦草镇（今龙岩城）还早一百多年。在苏邦，还居住着廖、邱、林、翁等众多姓氏，但依然保存元宵打醮和点灯风俗的，只有陈氏这个家族。（当然，现在各姓也参加打醮活动。）东洋楼传承的不仅仅是中原来的生土建筑艺术，还有更加深邃灿烂的中原文明。

苏邦陈氏打醮俗称元宵灯会，每五年为一轮。筹措祭典，由苏邦陈氏家族四个支房轮流当值操办，由长房首轮，按序轮值，周而复始，往复不断。每届理事会的任期为一年，于第二年的农历七月初任届期满交由下一届，至今已绵延四百多年。据苏邦陈氏族谱记载，苏邦陈氏始祖于明正统至景泰年间（1436—1456年）到苏邦安家落户，因人丁欠旺而一度迁出，其四世祖陈幽国公于明隆庆末至万历初（1567—1575年）举家回迁苏邦东皋创业，为祈

祷人寿年丰、人丁兴旺、家业昌隆而发起上元祈福活动，后人秉承祖训，从而相沿成俗。最初只能由陈姓族人参加，后规模不断扩大，至清咸丰年间，周边的廖、翁、林等其他姓人相继加入，从此成为以陈姓为主、多姓参与的社会性群体祭典活动。这也体现了客家人在不断的迁移中，让中原河洛文化与本地闽南文化相生相融、和谐共处的特点。我曾有幸目睹过东洋楼下的打醮活动。建醮那天，先做法事，后请神、建幡，然后是舞狮、唱大戏等表演活动。当天下午，则有"上刀山"表演。夜晚降临，游灯活动开始，"灯"与"丁"谐音，"游灯"即"游丁"也，旨在告慰先人人丁兴旺。每户至少有一名男丁参加，人人背着包袱和雨伞，大伙共执一条数千米长的红绸带，另一手提纸旗灯笼，组成浩浩荡荡的游行队伍，绕全村巡游一圈。其情形，不就是复原中原汉人南迁之状吗？所到之处，家家张灯结彩，鞭炮齐鸣。这种游灯形式在闽地独树一帜，其保留中原闹花灯的传统，印证了苏邦陈氏家族在不断迁徙和环境不断变化中难能可贵的文化坚守。此时，民俗与宗教、传统与现代、旧事与新人、娱乐与虔诚皆合为一体；此刻，村民们人人放下家族恩怨、富贵贫穷之成见，抛弃争强好斗、冷漠孤独之私心，都一起沉浸在缅怀先辈筚路蓝缕开拓创业的宏大氛围之中。东洋楼，成为客家乡民狂欢节的灵魂聚合点！

现在，东洋楼的后人已将楼重新修缮完好，并着力打造东洋楼的文化旅游。楼只是陈氏家族一件用来遮风挡雨的外衣，而只有守护和传承好东洋楼的传统文化内核，这座楼才能保持其长久的温度和人们关注的热度，才能成为游人心中最温暖和最美丽的乡村风景。

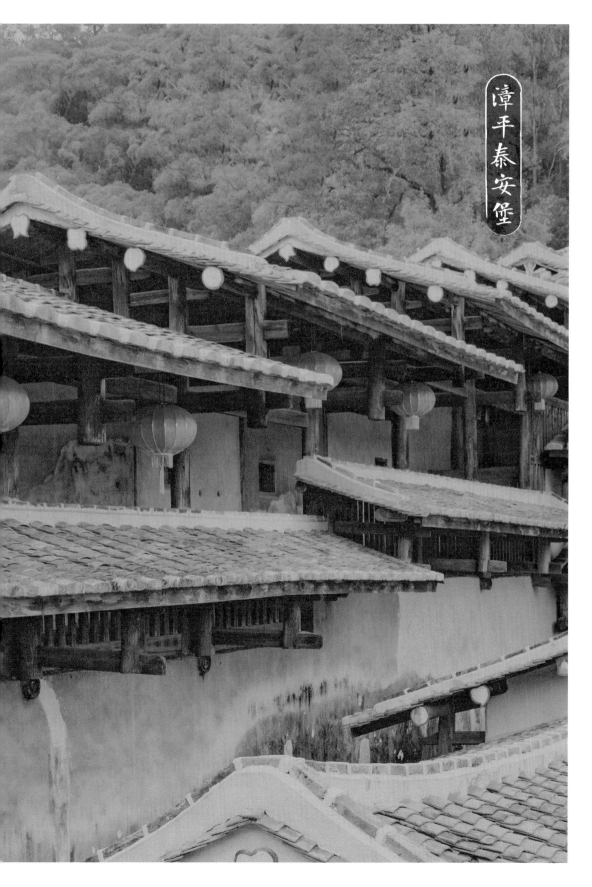

漳平泰安堡

泰安堡位于漳平市灵地乡易坪村，由村民许国榜始建于清乾隆三十三年（1768 年），历时 13 年告竣。清乾隆四十七年（1782 年）又在泰安堡西面起建一座祠堂，名为"忍和堂"。该堡整体坐北朝南偏西，平面方形布局，面宽约 37 米，进深亦约 37 米。外墙以厚石垒砌成厚 3.5 米、高 3 米的基座，其上用三合土夯实土墙，普通枪弹甚至土炮都无法轻易攻破。两侧堡墙沿地势逐级抬升，五级屋面与后楼屋面相接，使跑马道得以环连，并设有 34 个瞭望窗和众多射击孔，以反击来犯之敌。前堂为悬山顶，面阔五间，进深五柱。主座面阔五间，进深五柱，厅堂十分宽敞。前堂和主座两侧为一排护厝。后楼为木构三层，高约 13 米，面阔十一间，进深一间。大门开石拱门洞，设三重双开木门，拱顶设置有防火沟槽。堡后部呈弧形转角，与传统的"天圆地方"理念相吻合。

　　泰安堡结构稳固，易守难攻。据说当年每逢匪寇侵扰，全村百姓都会躲入避险，厚重的堡墙和齐备的防御设施每每都让土匪铩羽而归。该堡瓦顶层叠有致，规模壮观宏伟，历经两百多年风雨依旧泰然兀立，是清代民间防御设施和传统建筑艺术的珍贵实物。2005 年被列入省级文物保护单位。

# 寂寞泰安堡

陈丽华

走近泰安堡之前，有人跟我说，那个土堡是"养在深闺人未识"。这就给了我一个感觉，那幢屋宇，应该就如一个秀美的女子：安静，端庄，大方。

当我们翻山过水终于抵达，来到漳平灵地的易坪村，站在土堡正前方的大坪上，第一眼看过去，却情怀大反转地被震惊到了。壮实，伟岸，一种雄性的气息，赫然扑面而来。古建筑我也曾看过不少，雄伟壮丽的著名建筑，远的不说，龙岩市内闻名遐迩的永定土楼，已经多次参访观摩过，圆形的土墙围屋，方形的四围土楼，因各具建筑特色而荣获"世界文化遗产"称号，那是世界级别的荣耀，声名显赫享誉海外，因此土楼给我的感觉，就是一种实至名归、理

泰安堡外景 / 王世民 摄

061

泰安堡全景/朱裕森 攝

应如此的慨叹。而眼前这座古堡，三进的院落，占地 2000 平方米，静默一隅，只是一个省级文物建筑，似乎还停留在名不见经传的阶段，寂寂无声。于我而言，还是第一次听说，亦是第一次走近。这种机缘巧合的遇见，恰如心枯意冷的女子，一路平静地行走，偶一抬头，意外地迎见了一位高大帅气的男子，熠熠生辉，因此本能地暗自惊心。

雄壮的感觉，来自土堡悬山式的层层递进的格局。站立在屋外的大坪上，依稀可以看见错落有致的屋顶，由低而高，渐次推进。这种布局结构，与永定土楼就有着很大的不同了。站在土楼的屋外，游人只能看见最外圈的高大土墙，内部的样式布局仍是个谜，神秘而囹圄。泰安堡则敞亮许多，三进的院落，明朗清晰，一进平房，二进上下两层，三进楼上有楼；若是堡门洞开，三进院落的门套着门，一眼就可以看到最后一个院落的厅堂。这种坦荡，顿时给人一种豁然与心安，由此产生的信任很容易就上升为崇敬，雄壮的感觉油然而生。

土堡的大门，是花岗岩砌成的拱顶，据说高二米三，厚三米五。墙的厚度超过了高度，这种设计，除了老式的城门如此，普通住宅实属少见，可知防御安保的意识，在设计建造大屋的时候，已充分考虑到。正门的南面朝外，正楷"泰安堡"三个大字，端正朴厚，悬在两片巨大门扇的上方。正门的北侧朝内的一面，则是"壮丽奇观"四字横幅，配置一副对联"处世须知怀若谷，为人当学志成城"，可见堡主人的处世态度。同样的两扇高大门板，厚重粗犷。坚固而厚实的土堡大门，加上门顶泄水防火的设计，俨然一夫当关、万夫莫开的架势，犹如壮汉的铁拳，结结实实，万力难搏。

大门内侧，沿着墙体，东西各一缓步风雨廊梯，一直延伸到最后三进的背面，形成包拢格局。内庭规划，沿着中轴线，东西对称分别布置着厅堂、庭院、卧室、厢房、厨房、回廊、天井等。所有的屋宇廊阁，都被那一圈自南而北层层递进的围廊环绕着，宛如壮实的男子安然端坐在太师椅上，宽环着双臂，箍

泰安堡内景 / 张晓玲 摄

攥着铁拳，庇护着家人与族众。说到庇护，围廊上密布的 34 个瞭望窗和射击孔，最有发言权。火药的威势，枪弹的巨响，必定还渗透在土墙的泥缝里。那是怎样的匪患？那是怎样的抗击？所有的景况，所有的呐喊，都成了过往，只遗留下一片寂寞的记忆空想。

如今，他是安静的。用安静来形容男子，就不是一般的赞美了。要怎样的历练，才能在血性和雄壮里沉淀出这样的安这样的静？岁月于他来说，其实并不算久远，作为一幢古屋，两百多岁，应该算不上是老迈的。乾隆年间那个据说是农人身份的堡主许国榜，用了 13 年的时间，于 1780 年建成的这座集居住、休闲、避患、御敌等多项功能于一体的围屋，如今按屋舍的年龄和状态，顶多也只是中年壮岁，稳重而圆润。就如整个土堡的平面布局，前方正，后抹圆，这正是人生状态的精准描摹：青葱岁月时棱角毕现，在岁月的打磨中，安然过渡到中老年时的圆滑朴厚，任凭其间钩心斗角、斗拱雕花，激荡也罢，精彩也罢，到了最后，也只剩下洗尽铅华，静坐闲谈。

若说许国榜只是个农人，我恐怕是要质疑的。那个时代的农人，即便阔绰，若没有见过大世面，经过大富贵，恐怕也难建造出如此宏大壮美的屋宇。堡内有一副对联"待客闲谈共静坐，寄情退步自安舒"，"寄情退步"的表白，是否透露着堡主人的真实身份，或许是一位隐姓埋名避祸他乡的皇族？或许是一位朝堂争斗中失意退守的官员？如果是农人，这样的家业，何来"退步"之说？

易坪村中，如今大多数人姓许，多是许国榜的后裔，另有少部分人姓王。据说当初许国榜把偌大的家业平均四份，分给三子一女。村中少部分姓王的族人，则是许国榜女婿的传人了。这样的男女平等思想，恐怕也是当时的一方土财主难以抵达的高度吧。

泰安堡，无论当初如何壮丽华美，无论如今如何屋舍俨然，窗廊如故，但

俯瞰泰安堡 / 王世民 摄

他确是寂寞的。自20世纪80年代以来，许国榜的后裔们逐渐迁出了这个大宅，人声消匿的空间，如同按下了暂停键，停留在了没有通电、水井废弃的落寞里。时间的风尘，虽没有摧毁他的清朗风骨，却也使他走入暂时无法进退的尴尬，寂寞，遗世独立。偏又沦落在这偏远山地，他该如何持续曾有的辉煌？又该如何重展雄风？江湖长路漫漫，他该前往何方？

泰安堡外大门 / 陈秀容 摄

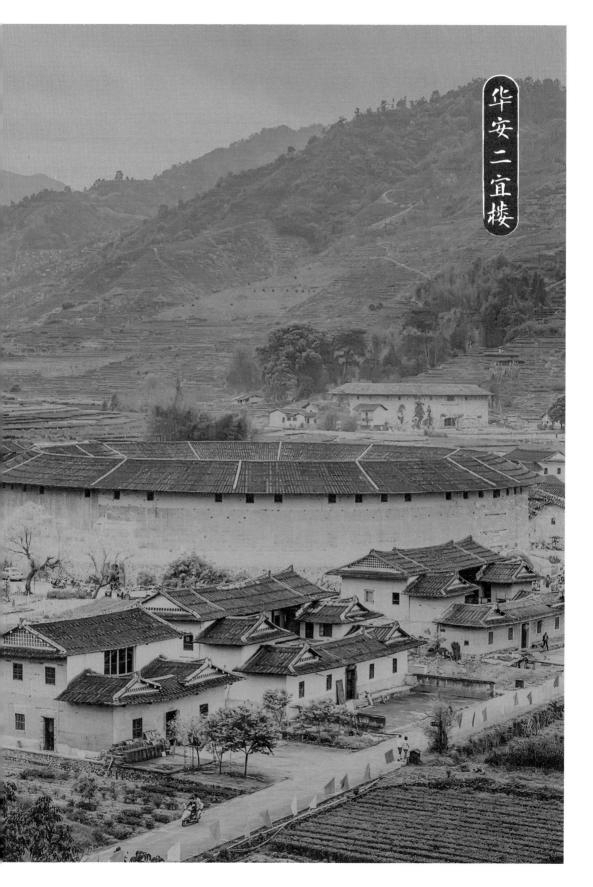

二宜楼坐落于华安县仙都镇大地村，始建于清乾隆五年（1740年），历时三十余年方才竣工，合"宜山宜水，宜室宜家"之意，取名"二宜楼"。二宜楼为双环圆形土楼，坐东南朝西北，占地面积近9300平方米。圆楼外径约73米，由四层外环主楼和单层内环楼组成。外环楼承重土墙直抵三层，各个单元之间以承重土墙隔开，每个单元内部一至三层的纵墙也是用承重土墙分隔，分成16单元，共213间。每个单元都从公共内院入口，单元内部设有户内私用的小庭院，保障了私密需求。四层为内通廊式，防守时利于快速调动兵力。该楼文化内涵丰富，建筑装饰简繁有度。楼内现存壁画593平方米，共226幅；彩绘99平方米，共228幅；木雕349件，楹联163副，堪称民间艺术珍品宝库。楼内许多墙上还张贴有20世纪30年代美国的《纽约时报》和《纽约晚报》，绘有西洋钟表和西洋女郎，这些都是二宜楼中西文化交融的实证。

二宜楼依山傍水，建筑装饰典雅华丽，是兼有单元式和通廊式特点的圆形土楼之代表性建筑。该楼为大地土楼群之一，1996年被公布为全国重点文物保护单位，2008年被列入"世界文化遗产名录"。

链　接：

大地土楼群：由二宜楼、南阳楼、东阳楼组成，均选址考究、布局合理，风格古朴粗犷，形式优美奇特，功能齐全实用，与自然风光相得益彰，充分体现了中国历史上"天人合一"的传统哲学理念。

# ⬛ 大地上的华美乐章

黄文山

　　清乾隆丁巳年（1737 年）十一月的一天，天朗气清，和风轻拂。整个大地村笼罩在一片喜庆的气氛中。这一天，历经两年建设的蒋氏大祠堂落成。在震耳欲聋的锣鼓鞭炮声中，60 岁的蒋士熊神采奕奕，偕同众多乡贤款款步入宽阔气派的大祠堂。面对着众宾的祝贺，他宣布，即日起，要在大地村建一座风雨不移、匪盗不侵的坚固大寨，让蒋氏子孙在大地世世代代安居乐业。

　　蒋士熊说到做到。他请来风水先生勘察地理。根据建议，他以重金换购原属刘家的蜈蚣山前的全部土地，并弃大寨而改建圆楼。据称这里为"蜈蚣吐珠穴"，是极佳的风水宝地。蜈蚣山承接东南巨大山体，至此迭落成峦，支脉四张，确像一只耸肩欲跃的大蜈蚣。以蜈蚣山为依托，于山前三分之一处建一座圆楼大宅，面对笔架山，视野开阔，且左右两条曲水回环，阡陌连绵，生机盎然，

大地村的土楼 / 梁志斌 摄

可谓宜山宜水，更宜人宜居。蒋士熊欣然采纳风水先生的意见，将新楼取名为"二宜楼"，特地从闽西等地请来一批土楼建筑专家，开始精心设计和施工。

而今，我就站在北溪仙都镇的大地村，面前就是这座气势恢宏的二宜楼。听着楼主绘声绘情的介绍，思绪一下飞到270多年前的那个如火的岁月，耳畔似乎响起了热烈持续的夯土声和激越昂扬的号子声，鼓鸣般隆隆擂响在大地上。

我曾到过永定和南靖，一座座圆楼、方楼以及五凤楼散布在青山绿水间，让人赏心悦目。但第一眼看到如此壮观精美的二宜楼，以及紧伴在它身旁的南阳楼和东阳楼，仍然止不住心旌摇摇。

二宜楼现任楼主是一位富于激情的老者，对其先祖的仰慕之情，溢于言表。话匣子一开，便如滔滔溪水，不可遏止：

"很快，一船船白银自漳州通过九龙江北溪运抵新圩渡口，而后由挑夫经仙都到达大地。长长的挑夫队伍，行走在蜿蜒的山道上，一眼望不到头。这阵势，轰动了整个九龙江北溪。"

翌年七月，二宜楼破土开建。蒋士熊几乎天天守在工地上，好亲眼看着夯

二宜楼外景 / 夏日利 摄

梁架、垂花柱 / 夏日利 摄

起的土墙一寸寸在增高。蒋士熊时人称"蒋百万",是远近闻名的大海商。蒋家在厦门和漳州月港建立商埠,从漳州北溪将"泽春茗茶"运往台湾和南洋各地,又从台湾运回红糖。当时,一箱茶兑换一斗白银,利润十分丰厚。蒋氏由此发家。蒋士熊崇儒,经商讲究诚信,人缘关系很好,在北溪一带有极佳的口碑。他的经商要旨是"异地换货,物丰于民,获利于众,施益于友,讲仁为本"。同时表示遵从官府规定,不与洋人作对。北溪各个码头的头领都与蒋士熊交好。至清雍正年间,蒋士熊已成为北溪富豪。蒋士熊善于审时度势,因慷慨捐资,得到清政府嘉奖,被赐官袍一套,并赐予封号,同时准许其自由出入沿海军营重地和港口售卖货物。蒋家的生意也因此越做越大。

在祖居地修祠堂、起大厝、福荫子孙,是蒋士熊的人生奋斗目标。现在,他正朝着这个目标一步步靠近。

"一开始,蒋士熊是想仿照军营的模式,建造一座防御型的坚固大寨。"楼主这样介绍。因为这在当时的北溪一带,是很常见的民居。其实,当时大地

村刘、张、李、蒋四姓都各建有一座土寨，不过，由于年代已久，均显残破。而蒋家建的灯火寨，也已瓦倾墙圮。蒋士熊当然不满足于这样的居住条件，他希望新起的大厝，不仅外观美观坚固，能遮风避雨，防御匪盗，而且居住宽敞舒适。而建筑高规格的圆土楼，让蒋士熊的造屋目标得到升华。

根据清代《漳州府志》记载：漳州土堡，旧时尚少……嘉靖四十年（1561年）以来，各处寇贼生发，民间团筑土围土楼日众，沿海地方犹多。而这个时期，漳州各地兴建的土楼，和倭寇的入侵抢掠有一定关系。

有钱人家造屋，首先考虑的还是安全。二宜楼同样是将安全放在第一位。其外墙墙基以坚硬的花岗岩砌就，墙身上夯土，逐层收分。一般土楼外墙厚 1

二宜楼：龙舞土楼/伦宇 摄

米多，二宜楼外墙厚 2.5 米，这在福建土楼中也属罕见。而且外墙一至三层都不开窗，只在四层设小窗洞。在第四层还建有内环形通廊，一旦有敌情，楼内家丁们能迅速进入通廊把守窗口，居高临下向外射击，且能通过廊道互相增援。这种环形通廊的设计布局，比一般土楼更有利于防卫。

除此之外，土楼建有异常牢固的楼门，门上方有泄沙漏水的设备，用于灭火。还建有六处便捷的传声洞，用于内外沟通。同时还挖了一个秘密逃生地道，用于紧急关头的人员疏散。

之所以取名"二宜"，即宜山宜水、宜室宜家。二宜楼更将居住舒适放在重要位置。其设计不同于一般土楼，整体构造兼有单元式和通廊式的特点，结构布局安排十分合理。二宜楼占地面积达 9300 平方米，整座楼分 16 个单元，共有 213 个房间。每个单元都有独立的空间和独自的楼梯上下，体现了个性彰显的客家福佬民系土楼的建筑特征。

楼主的故事还在继续着：

"但蒋士熊没有想到的是，这座巨楼的整个建造时间竟长达三十余年。清乾隆甲子年（1744 年），67 岁的蒋士熊病逝，由于事出突然，而蒋家四个儿子都在外经商，没有得力的人主事，土楼修建时断时续，加之资金不到位，以致陷入停顿状态。蒋士熊的夫人魏宝珠看到二宜楼的半拉子工程，心急如焚。于是她称病，将在外地的几个儿子全都叫了回来。她带着他们到工地上转了一圈，回来就是不说话，手里则紧紧地攥着一张纸条。纸条上是蒋士熊临终时的嘱托，上面只有一句话：齐心通力建好楼。当天晚上，蒋家召开家庭会议，决定遵照遗嘱，加快土楼建设。蒋家四兄弟，除四弟蒋登兰继续在外主持蒋家在国内外的实业和商铺生意，三位兄长全部回来参加土楼修建工作，由长子蒋登岸总负责。同时从厦门和漳州月港转回白银 100 担。经过十年的抢建，二宜楼终于在乾隆庚寅年（1770 年）落成。接着又进行了三年内装修，于乾隆癸巳年（1773年）全部竣工。在举行隆重的仪式后，蒋家兄弟五代同堂一起住进新楼。"

在楼主的引领下，我们从厚实的正面大门步入二宜楼，展现在眼前的是一个宽敞的内院广场。这里也是昔日土楼人家日常交往和户外活动的公共空间。举凡节日庆典，大家便相聚在广场上进行集体活动。平时，儿童们多在这里结伴嬉戏，孩童们的欢笑声让土楼充满了生气。围绕着广场的是一圈内环楼的大走廊，各家的老人们都喜欢在各自门前的走廊上摆张大躺椅休息、聊天，同时看着广场上的生动景象。场中有两口公用水井，水质清冽，至今可供饮用。现在，广场成了村里的流动商场，分布着许多摊位，一些村民在这里向游客出售当地的土特产和旅游纪念品。游人熙熙攘攘，煞是热闹。而今土楼的住户已经不多，但他们似乎乐见这样人来人往的景象，广场依然是整个土楼的活动中心。

二宜楼共分四个大单元，是根据蒋士熊四个儿子分配的。这四个单元的房间，三层以下是隔开的，只在第四层有一个环形大通廊，连接着各个单元。楼主介绍说，虽然房子的结构相同，但由于各个单元是相对独立的，所以各个单元的内部装修风格迥异，有的传统古朴，有的则趋向西化，反映了单元主人不同的审美追求。我们从一处入口进入单元内。入口处是一个独立的门厅，两侧分别是厨房和库房。内外环楼间有过廊，围合出单元内的小天井，过廊和天井之间以镂空的木栅扇分隔。二、三层是卧房，四层为客房，中间一个大房间是各家设置的祖堂，也是各家议事的地方。尤为别致的是，从二、三层内圈的墙上伸出了一道木挑廊，用于衣服的晾晒。而在四层的内通廊上，还有加厚的窗台，既可晒物，还可储物，可谓别具匠心。

二百多年来，二宜楼一直得到很好的保护。1904年，土楼曾因蜡油失火，烧坏几个房间，但很快得到修复。1934年，二宜楼遭民军围困三个月，但民军的大炮只在土楼墙上轰出几个洞，却始终进不了二宜楼。此后闽南一带到处

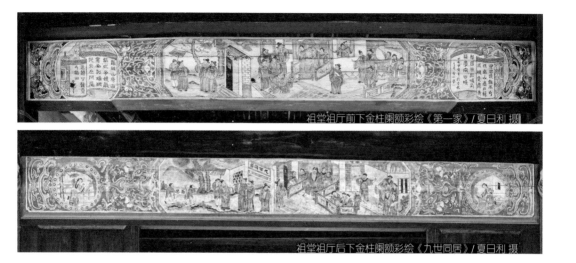

祖堂祖厅前下金柱阑额彩绘《第一家》/夏日利 摄

祖堂祖厅后下金柱阑额彩绘《九世同居》/夏日利 摄

流传着二宜楼坚如铜墙铁壁，而且暗设机关扑朔迷离，谁都无法攻破的说法。

我们还观赏了二宜楼内的诸多壁画、彩绘和木雕。其内容有山水、花鸟和人物故事，让我们领略到土楼主人们的生活意趣。二宜楼尤其重视教育，土楼内还设有专门的学堂。琅琅的书声二百多年来从未中断过。

告别热情的二宜楼楼主，我们前往南阳楼和东阳楼。

南阳楼位于二宜楼东南侧约150米处，为蒋士熊的孙子蒋经邦于清嘉庆二十二年（1817年）所建。南阳楼以二宜楼为蓝本，尽皆吸收二宜楼建筑设计方面的优点，所以有人称其为二宜楼的缩小版。但南阳楼在木雕、石刻用材上比二宜楼更讲究，因此也更精美。而且，南阳楼还是福建土楼中最讲究周边景观的土楼，不但门前有青山绿水，而且还有自建的后花园，与环境和谐呼应，相得益彰。

处于南阳楼西侧的东阳楼则是一座方楼，是蒋士熊的另一位孙子蒋宗祀所建。东阳楼与南阳楼阴阳相济，合取"天圆地方"之意。东阳楼与其他土楼最大的不同是窗户宽大，墙上不设枪眼，而且具有厅堂大、厨房大、卫生间大、

卧室小的特点。这说明土楼的建筑理念已不再囿于防御，而在于追求居住舒适。东阳楼在二百年前的华安山区出现，当是土楼建筑史上的一场革命。

　　三座土楼，出自同一家族，但各有各的特点，让大地上的这一建筑群更加多姿多彩。

　　人们都说建筑是凝固的乐章。二百多年来，大地上的这三位土楼家族的成员，正以满腔热情演奏着"土楼三部曲"：二宜楼宏大壮阔，南阳楼深沉抒情，而东阳楼轻盈欢快。令每一个到访的游客，都沉浸在这静穆而华美的乐章中，受到深深的感染。此时我的眼前不由又浮现出270多年前的那一幕。北溪大地上，一位闽南汉子的庄重宣言，终让一个美丽的梦想成为现实。

二宜楼内的音乐会 / 李淑芬 摄

华安雨伞楼

雨伞楼位于海拔 900 多米的华安县高车乡洋竹径村，始建于元代，现存为清代建筑。该楼是一座与众不同的内外双环式圆形土楼，建造在深山中一个相对高度约 40 米的孤立山丘顶上，四周山谷环绕，只能通过陡峭的小石阶登临。外环楼直径约 27 米，为顺山势迭落的三层楼房，共有 32 个开间，在东、南两个方向留有通道大门。内环楼立于山尖，直径约 13 米，高二层，墙脚由块石砌筑，夯土墙体，连东侧、南侧通道共计有 18 个单元。各单元自建楼梯上下，成瓣状紧密相连。内外环之间设有露天通道环绕全楼。通常的圆土楼如果有内外两环，一般都是外高内低，而此楼却别具一格，外环因顺山势迭落而低于内环。远望土楼内高外低，黛瓦屋面顺连如同一把撑开的大雨伞，因此得名"雨伞楼"。

清代末年，楼内郭氏后人多移居至我国台湾地区，现族裔已迁徙至台湾全岛。雨伞楼作为联系两岸亲情血缘的纽带，是闽台同根同源的重要历史见证，它同时也是单元式土楼变异形式的代表性建筑。该楼于 2013 年被列入省级文物保护单位。

# 独拔于世的雨伞楼

哈 雷

在华安县高车乡际头村洋竹径自然村，有座"土楼之仙"——雨伞楼，在闽西南争相轩邈的土楼群里，在几百年纷纷扰扰的岁月中，它独倚高山僻静之地，是目前发现的海拔最高的福建土楼。

## 一

冬日的阳光懒懒散散，但我挂念着雨伞楼，下午从华安急匆匆出发。给我当向导的是作家许燕妮，她对华安的山山水水非常熟稔，用笔墨记录了不少这里的乡愁与美景。

我们经过高车乡，沿着蜿蜒的水泥路盘旋二十多分钟至际头村所属的洋竹径自然村，抬头望去，山岳高耸，时至深冬，虽然谈不上万壑摇青，但也没有丝毫的凋敝萧索之景象，层层的茶树和竹林之上，各种乔灌木蓬蓬勃勃任由野性生长，簇拥着小山峰上一座突兀的土楼。

这就是雨伞楼！雨伞楼依山而建，四面青葱，楼身直径不过十余丈，分为内外两环圆楼。闽西北绝大多数土楼呈现的是"凹"字形的建筑形式，而雨伞楼正相反，内环高，外环低，整体呈"凸"字形。这仿佛不太符记土楼功能的第一特性——防御性。外围的墙低便可轻易叫外人翻越，内围的墙高容易被路人窥视。也许是这里过于荒僻，少有土匪到此骚扰，无须设置壁垒，抑或常年气温较低，楼的主人希望阳光照入深庭，温暖高山寒士欢颜？

有种说法是雨伞楼始建于元代，现存为清代建筑。住在楼里的现年82岁

雨伞楼外景 / 林艺谋 摄

的郭高山老人告诉我说，雨伞楼最早为杨氏所建，所以这个自然村的名字叫作"杨竹径"（后改为"洋竹径"），而后杨氏卖给蔡氏，蔡氏又卖给郭氏。

"雨伞楼削峰而筑，外环因顺山势迭落而低于内环。其选址和空间结构与营造手法方面富有特色，是研究福建土楼营造技艺和北溪文化传承与发展史的一大例证。"陪同我们的邹跃彬说，雨伞楼是福建土楼的典型代表作之一。

寒冬里的雨伞楼，在氤氲雾气的环绕下，充满神秘感。楼里还残存着旧时韵致，那些砖瓦和墙面的斑驳与苔藓记录着每一天的风雨晴晦，生命流程中这些印迹，反映人世间的沧桑巨变。

因其高远、独立、宁静的气象，也有人称其为"蓬莱仙境雨伞楼"。雨伞楼与大部分的土楼一样，石条铺就的楼基，红土夯成的屋墙，木板隔开的房间，围着一个中心点，画了两个同心圆。外围一环多作厨房，靠向内围一侧，则垒些猪圈鸡舍；里面一环分为两层，如若遇上土匪恶霸烧杀抢掠，便齐齐躲入里面的两层圆楼，因此内层的城墙要厚实许多。屋瓦黑灰间红，沿着城墙平整地绕两环，每环都自中间向内外倾斜，屋檐有些湿润，留下刚下过雨的痕迹。

许燕妮上次来时雨伞楼还未开始修缮，"楼里显露出久无人居的萧瑟，蒙了烟尘，锈了门锁，屋檐长满青苔。我在屋后发现一只母狗，自如闲散地踱着步，到排水沟里喝水"。

说雨伞楼闻名，其实是不准确的。走进它时会发现，这里几乎没有游客往来，这座楼孤单、突兀地站在甲子尖的山腰上。

但在孤寂之中，这座楼却独有一种沉静的气质。

雨伞楼其实是兴盛过的。郭高山老人说道，这里最多曾住过三十户三百多人，新中国成立初还住有一百四十多人。房内住不下时，搬个木板搭在外环楼的门梁上，还能再挤两个。现在，从这座楼里出去的人已融入四面八方的城区中去了，而这楼注视着子孙们远去的背影，像一位沉默寡言的老人在静静地期待着什么。

这个下午在际头村的洋竹径，感受到了"我安于俗世的光亮，在狗吠声中安然入睡"的那份恬淡。

二

洋竹径村口有一涧溪水绕村而下，许燕妮对水的敏感度源于她的职业，但作为作家，水不仅仅是有发电的功能，更多有审美的意义。她说："水是自然的芳物，水是乡村的灵魂，水是最令人无法遗忘的乡愁……水是这个村庄不可不提的一物。我仔细观察了一下，村里的溪流大多不是温情小溪，落差较大，流速类似小瀑布，哗哗作响，汇流不息。正因为如此，这个村庄水力资源丰富，所在的乡镇有22家水电站，总装机容量7870千瓦。这个靠山的村庄，竟然也能靠'吃水'过活。"

如今，洋竹径常驻四十多户、一百多人，很多人都到外打工。而雨伞楼，我只看到两三户人家。岁月如梭，雨伞楼见证着洋竹径村的发展，山下一座座现代的砖混新房拔地而起，雨伞楼更显得独拔于世，透出一种没落之中不失傲骨的古典高士气节。

华安土楼数量虽然不多，但以其鲜明的地域特色与特殊的历史、艺术与科学价值，在福建土楼中有着不可替代的地位。2013年1月，雨伞楼被列入第八批省级文物保护单位。

我翻看了华安馆藏的县志，建楼的时间没有确切的年份记载。郭高山老人回忆说，只记得家祠祖牌上还有姓杨的，轮到郭家守护雨伞楼至今也有两百多年历史了。

雨伞楼得"土楼之仙"美誉，就在于它临于群楼之上，长年云遮雾漫、鸟

雨伞楼内环/省文物局 供图

语花香、清风拂面、明月照心。它究竟有多高,资料上也有几种说法。陪同来的邹跃彬拿出手机,打开测量海拔 APP 软件一看是海拔 924 米。高者为尊,雨伞楼守在甲子尖山中,闲看行云流水,日出日落,超然世外,得天地之清气,自然也沾染了一份"仙气"。

但雨伞楼确实老了,因为年久失修,土楼部分屋顶、瓦面、梁架及其他木构件,均出现了不同程度的破损、腐烂、空鼓等现象,如一把撑开来勉强还可以遮风避雨的巨伞。从高处俯瞰,外环部分护楼在风雨洗礼中虽已坍塌,但仍依稀可见当年双环土楼的独特风采……它带给我一种寓目崇高、感叹流逝的悲壮感。

邹跃彬说,这几年政府筹集了近两百万资金修旧如旧,一直在维护和修缮,主要是对土楼老旧、破损部分进行修补。

我们进入雨伞楼修缮现场,工人正穿梭于土楼内外整修。在我看来,要完全修复回土楼原来的韵味是不可能的,一面浮雕、一块藻井、一节榫卯,那都有着先人智慧的痕迹;古代工匠精美绝伦的技艺、斑斓的雕绘,特别是浓缩在土楼里的人与自然间的领悟,是很难被复制的。

# 三

如果从空中往下看，雨伞楼像是自然造就出的一个盆景，原因是她的四周奇峰叠翠、古树环抱、山泉飞流、云雾缭绕。

能够成为盆景的树一定要"奇"要"老"，还要有点"野"，否则难以成景。围绕着雨伞楼有几棵树给我留下了很深的印象。

通往雨伞楼的路有许多条，许燕妮执意要我们走其中一条泥泞弯折的小道。道上树叶与枯枝盖在路面，有许多参天大树错落其间。一株树上面挂着牌子赫然写着树名为"含笑"。许燕妮说："这可不是普通的含笑，是棵深山含笑。含笑树性喜温热湿润，很适合洋竹径的气候土壤环境。它不言不语已这样站立了两百多年。"

当我们来到了雨伞楼东门郭高山的房庭这一端，有一片较为开阔的埕子，晾晒着一些柿子。人家是"晒秋"，而雨伞楼的柿子却是在"晒冬"，也许是因为高山特别的地理因素，柿子变得晚熟。有棵柿子树在土楼边上挨着，枝干光秃秃的，只有几片残败的叶子，还稀疏地挂着没摘下来的柿子，红得透亮，已然显出一股"晒冬"的精气神来。柿子以它来自高山自然朴实的土地又从枝头蓄积起来的神性，无声地召唤我们爱慕的目光，也让雨伞楼寂寞的山野平添了几分生动！

在郭高山房庭的另一端，又见几棵古树，树木长势繁茂，其中一棵枝叶上垂挂一条条豆荚状的东西。"这是株皂荚树，"许燕妮指着它说，"通常皂荚树一公一母生长在一起，长皂荚的是母的。"又指着其中一棵说："因为被另一棵树所缠绕，我差点错认了它的叶子。树与人一样，需要彼此依靠与扶持，才能挨过时间长河里的风霜之苦。"

皂荚树在雨伞楼的天然"盆景"中不仅仅有审美价值，还担任实用性的功能。这里的人们过去用皂荚洗衣被，女人们还用它来洗头发，是天然的草木肥皂，它带给雨伞楼原住民最世俗的生活需求。

天色已晚，我们从雨伞楼的另一条"之"字形的路走了下来，完成了绕土楼一圈的行程，只见一棵倒倚在斜坡上的大树，树体散发出淡淡的清香。这是株润楠树，润楠的树干一直都特别挺直，是特别好的建材，用于做梁、柱、家具等。它的树形优美，枝叶浓绿，广阔的伞状树冠让它成为城市中的行道树或庭院绿化树种。而这株润楠却以伏倒的方式和雨伞楼相伴一生。是很久以前一场大风将它吹倒的？连郭高山也记不清这棵树静静斜卧在这里有多久，但它没有衰败，繁茂的枝叶依然伸张开来，似乎探过了雨伞楼，想去瞻望土楼人们生活的种种隐秘。

下山的时候，我还是忍不住回望一眼雨伞楼，雨伞楼高迥的意象逼人心胸，远山嫣红的夕阳沉重地落下，顿时暮色如烟弥漫开来。

洋竹径村夜景/李淑芬 摄

南靖绳庆楼

绳庆楼位于南靖县书洋镇曲江村河坑土楼群的最东端，清雍正年间（1723—1735年）建造，坐东朝西，占地面积约2300平方米，建筑面积约4600平方米。主楼前低后高，方形三层，通高约12米，面宽约26米，进深约25米，为内通廊式，每层24间，设四部楼梯。前门设一道花岗石砌筑的大门，外钉铁皮，并安装两根双向粗门闩，极其牢固。庭院中部连后楼底层明间，建有面阔三间的两进式祖堂，取名"庭槐"，为穿斗抬梁混合式梁架。堂内悬挂有一方清乾隆二十八年（1763年）的"德式乡间"牌匾，堂内木雕简朴大方，墙上彩绘梅兰竹菊等花草植物。因屋后山地盘高，屋前凹下有窠煞，于是在绳庆楼前再建一圈围楼，楼面朝西，以制窠煞。围楼为方形两层楼，呈三面围合状，形成当地人所称的"楼包厝、厝包楼"布局。

绳庆楼所在的河坑土楼群，建造年代久远，时间跨度大，从最早的朝水楼到最迟的永庆楼，足足跨越近430年，不仅集中反映了土楼形成发展的历史沿革，而且还与周围自然环境完美交融，相得益彰。该楼作为河坑土楼群之一，2008年被列入"世界文化遗产名录"，2013年被公布为全国重点文物保护单位。

链　接：

河坑土楼群：包括朝水楼、阳照楼、永盛楼、绳庆楼等六座方形土楼和一座五角形的南薰楼，裕昌楼、春贵楼、东升楼等六座圆形土楼，素有"仙山楼阁""北斗七星"之称。

# 土楼七星阵

何葆国

从土楼之乡南靖书洋往西行 12 千米，到了一座小山包——当地人称作狮子地崀。登上山头，视野豁然开阔，对面是巍峨的青山（狮子山），脚下是美丽的土楼村庄；两条小河流在狮子山左边的山脚下交汇，像是一个飘逸的"丁"字。在河的两岸，青竹绿树，十余座方楼圆楼就掩蔽其中；在狮子山后还有一片谷地，错落有致地分布着几座方楼和圆楼，白云浮动，炊烟升起，土楼若隐若现，远远望去，这个美丽的土楼村落就像一片仙境楼阁。

这就是被列入"世遗"的最重要的土楼群之一——河坑土楼群，青山绿水之间映照着 14 座土楼，壮丽而和谐，好像土楼就是从土地里生长出来一样，浑然一体。这 14 座土楼中共有 13 座被列入"世界文化遗产名录"，是福建土

绳庆楼外景/陈燕 摄

星罗棋布河坑土楼群／宋建荣 摄

楼进入"世遗"最多的土楼群。从狮子地崇往下俯瞰,春贵楼、裕兴楼、裕昌楼、阳春楼、永庆楼、晓春楼、东升楼7座圆楼恍若形成一个勺子状,就像是天上的北斗七星,而朝水楼、永贵楼、阳照楼、永荣楼、永盛楼、南薰楼、绳庆楼7座方楼也如影随形,形成一个新的北斗七星阵;两阵并不对峙,而是相辅相成,方圆相配、阴阳相合,这是土楼里绝无仅有的奇特景观,令人遐想无穷。

从公路往下有一条小径,穿过弯弯的田埂,经过河坑张氏的祖堂世英堂,就走进了村庄。那些仙台楼阁般的土楼便一一展现在面前了。在这些土楼里,比较古老的都是方楼,其中朝水楼、阳照楼建于500多年前,永盛楼建于400多年前,永荣楼建于300多年前,而圆楼则大多是1967年到1972年间相继建成的。专家学者论述土楼从方到圆的演变,河坑土楼可谓是一个典型代表。

河坑土楼都是卵石砌基,墙体用发酵过的深层泥土夯成,虽经风吹雨打,已出现斑斑陈迹,却依然无比坚固。除了绳庆楼有三个大门外,其他土楼都只有一个大门,门楼用石条半圆拱顶建成,门闩都是用一根六寸见方、丈把长的硬木直插墙内,没有两个人根本就开不了楼门。永盛楼是河坑土楼里最高的,四层,高14米;东升楼、春贵楼、裕昌楼是最大的,每层有36个开间,可以住100多人。永贵楼有点像一个"吕"字,不过后面的"口"是主楼,要比前面的"口"稍大一些,高三层11米,在天井建了一列三间的祖堂,绕着祖堂又建了一圈平房,

每隔三间房留出一条小通道，在祖堂里又留出一个小天井，显得别有洞天。前面的"口"只有两层，每层 18 开间，是 1995 年新建的。南薰楼也是方楼，但是在建造时受到用地限制，大门右侧的两个墙角由直角砌成钝角，看起来就不那么方方正正了。

朝水楼，河坑土楼群最古老的土楼。这是一座颇为传奇的四角楼，它历经数百年风雨沧桑，见证着河坑村的兴盛与艰辛，从某种意义上说，河坑的人文历史正是从它开始的。朝水楼面向两条溪水的合流，大塘坑和肖坑两条溪水蜿蜒而来，汇成曲江的一个支流，又向前方缓缓流去。老话说，朝水一勺能救贫，朝水楼正是建在合流的溪岸上的一块开阔地，自然是河坑祖先们梦寐以求的风水宝地。相传朝水楼是河坑开基祖张仕良的儿子张六一、张六二兄弟所建。那是在明朝嘉靖年间，经过两代人的开荒垦殖，河坑已是一个稻田连片、竹林茂

"庭槐"祖堂 / 陈曙光 摄

密的村落，人口也增长得很快，张六一
兄弟决定为族人夯建一座四层土楼。
族谱记载，朝水楼始建于 1549 年，
1553 年完工。四年多披星戴月的
夯造，朝水楼终于在溪岸边耸立
而起，安居然后乐业。几百年时光
悠悠而过，尽管这期间有风霜、有
匪情、有水患，人们在朝水楼的日子
受到了一些挫折和磨难，但还是相对平安
地一代一代生活下来。时间到了 1923 年，一
场灭顶之灾突如其来，大火焚毁了朝水楼，昔

"庭槐"堂的悬鱼 / 陈曙光 摄

日高耸的四层土楼变成了一片废墟。这场大火的起因现在已无法探究，所幸的
是没有族人死于火中，然而痛失家园的人们面临着如何重建的生存考验。张氏
族人没有气馁，他们齐心协力，很快在原址重建了朝水楼。重建时为避火灾，
采纳了风水先生的建议，只建了三层，并在大门口挖了一口池塘。

在这些各具特色的土楼里，绳庆楼无疑是一个另类的存在。严格地说，绳
庆楼不是单独的一座楼，而是楼与厝的组合。"楼包厝、厝包楼"的格局虽然
并不鲜见，但是绳庆楼着实别具一格。它位于河坑土楼群的最东端，似乎有点
"偏安一隅"的感觉。

绳庆楼的形状呈"日"字形，后面的"口"是主楼，建于清雍正年间，坐
东朝西，内通廊式；前面的"口"是附楼，是 20 世纪 40 年代末修建的，其特
点是以主楼为东面墙而围起三面墙，依地势高低而逐次降落，看起来颇有层次
感。天井后面连接后厅的位置建有一座祖堂，堂号"庭槐"，上下厅式砖木结构，
祖堂上悬挂着清乾隆癸未年（1763 年）制的"德式乡间"牌匾，堂内有木雕"狮

"德式乡闾" 牌匾 / 陈曙光 摄

子夯梁"，墙上有梅兰竹菊等花草彩绘。令人比较意外的是，祖堂里还供奉着保生大帝的神位。据说早年这土楼里及其附近，很多妇女在生育孩子时会被夺去生命，后来楼民们请来了保生大帝的神位和香火，这才开始了安宁的日子。虽然这仅仅是个传说，保生大帝信仰所带来的巨大的精神力量，却是不言而喻的。不同时期对绳庆楼的夯造与完善，显示了宗族力量管理家族事务的持续性和有效性。众所周知，土楼由族人合资兴建，各家各户根据人口与所出资金对房间进行分配。在绳庆楼，人们特意留下两个房间作为"公房"，有需要的人可以租用，租金则作家族扫墓、祭祖之费用。

绳庆楼有上下两个天井，有三个大门、一个侧门和十部楼梯，其前低后高、错落环绕的结构令初次进来的人恍如进入迷宫，但是在明确了方位和方向之后，在楼内走一遭，却不得不感叹这结构的巧妙。

河坑土楼群形成一个双北斗七星阵，它是有意的构筑也好，无意的巧合也好，都在福建土楼史册上打上了一个鲜明的烙印。

楼外胜景

章彬辉

绿野茫茫亦壮观，纵横交错路分川。

白云渺渺顶峰隐，楼外圆楼拓眼宽。

南靖步云楼

步云楼位于南靖县书洋镇田螺坑土楼群的中心。楼名取意于平步青云，寄望子孙后代读书中举，仕途高升。清嘉庆年间（1796—1820年）由黄氏家族建造，20世纪30年代被土匪烧毁，1949年以后在原地基上重建。

步云楼为方形土楼，边长约25米，坐东北朝西南，占地面积1050平方米，建筑面积1390多平方米。楼高三层，承重墙以生土夯筑，往上逐渐收分。一层为厨房，二层为谷仓，三层为卧室。为内通廊式，每层共26间。楼内前低后高，依地势而起，从门厅到后厅共有三层台坪，寓意步步高升，青云直上。楼四角设楼梯，楼顶层设四个射击口。因为地势太高，楼内没有水井，水井设在楼外山坡上。

步云楼所在的田螺坑土楼群被誉为众多土楼中最壮观的一处绝景，因其布局巧夺天工、绝无仅有，故曾广泛出现在海内外众多传媒之中。该楼于1996年被列为福建省文物保护单位，2001年被公布为全国重点文物保护单位，2008年被列入"世界文化遗产名录"。

链　接：

田螺坑土楼群：由居中的方形步云楼和环绕步云楼而建的振昌楼、瑞云楼、和昌楼三座圆楼及一座椭圆形的文昌楼组成。五座楼均高大雄伟，依山势错落布局，构成人与自然环境和谐共存的美丽景象。

# 步步登高望云月

珍 夫

　　田螺坑土楼群由方形的步云楼和圆形的振昌楼、瑞云楼、和昌楼及椭圆形的文昌楼组成，东、北、西三面环山，南面大片梯田。基址选择上，遵循中国风水建筑规划理论，讲究因地制宜，按照阴阳五行相生次序建造。五座土楼建于不同年代，依山势起伏，高低错落，疏密有致，居高俯瞰，像一朵朵盛开的梅花点缀在大地上，又像是飞碟从天而降，构成人与自然环境和谐共存的绝景。

　　田螺坑五座土楼绝妙的组合，堪称福建土楼组群的旷世杰作。1999 年中秋佳节，著名古建筑专家罗哲文考察后，赋诗一首盛赞田螺坑土楼群：

田螺坑畔土楼家，雾散云开映彩霞。

俯视宛如花一朵，旁看神似布达拉。

或云宇外飞来碟，亦说鲁班墨斗花。

似此楼形世罕有，环球建苑一奇葩。

田螺坑土楼群 / 李淑芬 摄

远眺田螺坑土楼 / 许保全 摄

2001 年 5 月，田螺坑土楼群被公布为全国重点文物保护单位。2008 年 7 月 7 日，在加拿大魁北克市举行的第 32 届世界遗产大会上，包括田螺坑土楼群在内的福建土楼，被列入"世界文化遗产名录"。

每当站在观景台上俯瞰田螺坑土楼群，惊叹其奇妙布局的同时，我总在想：四座圆形土楼围绕一座方形的土楼，这方形的步云楼起到了什么作用呢？

翻读同济大学路秉杰教授写于 1988 年的论文《奇中之奇——田螺坑土楼建筑群》，似乎可以找到答案。路教授认为，田螺坑五座土楼方位不同、朝向不同，是依据水口或山头来决定的。从整体构成来看，全为圆形，浑然一体，延续不断，连东西南北也难分辨。而居中建方形步云楼后，顿时就产生了明确的方向性，使捉摸不定的状况清晰起来，使恍惚不安之感安定起来，将四座圆楼无形而有力地收敛在一起，形成一个整体。再加上零星附属建筑穿插其间，五座大楼，五层台地，又形成了立体空间的高低错落，使得整体组合愈显丰富多彩。

而长期在步云楼里生活、已经退休的小学教师黄庭芳，通过研究发现，田螺坑土楼群蕴含一幅八卦图，这体现在步云楼的四个角和四面墙上。五座土楼建造时间不同，没有统一设计，却按阴阳五行布局，周围四座圆楼文昌楼、和昌楼、振昌楼、瑞云楼分别对应五行中的金、木、水、火，中间的方形土楼步云楼则对应五行中的土。根据对不同季节、不同时间、不同太阳光线的观察，黄庭芳还发现，步云楼的四个角，就是对着东西南北，且四个角只有东方对着和昌楼，其他三个角不对。为什么会有这个现象？他解释：因为太阳总是从东边升起来，最下面那座文昌楼，冬至的时候太阳对着大门口下山，"金"就跑出来了。万物生于土，万物归于土，好像九宫图里的五环居中图，万物生长的全过程都通过步云楼展示出来。

步云楼位于振昌楼东侧坐东北朝西南，接近于正方形。楼高三层，第一层为厨房，第二层为谷仓，第三层为卧室。为内通廊式，楼四角设有四个楼梯，底层除了四角的房间开一个窗，其余的都不开窗。因为地势较高，楼内没有水井，楼周围砌了条水沟供排水用。按照路秉杰的说法，步云楼的最大特点是前低后高，后部较两厢及前部出一个檐口，两厢及前部檐口同高，同为四坡顶，后部在侧面升高一个檐口，两厢屋脊及檐口与后部屋面有交叉。底层灶间窗下的橱柜很特殊，将壁柜伸出于室内外的做法为他处所少见。

步云楼正门/陈曙光 摄

黄金分割被认为是建筑和其他各类艺术中最理想的比例，建筑师对数字 0.618 特别偏爱，无论是古埃及金字塔、古希腊神庙，还是巴黎圣母院，或者是近世纪的法国埃菲尔铁塔，在建筑设计中都用到了黄金分割律。路秉杰曾带领师生专门对田螺坑土楼群进行测量，结果发现，以步云楼为中心，田螺坑土楼群五座土楼的中心距也呈黄金分割比例，即基址选择上，采用 2：3、3：5、5：8 建造。正因为如

步云楼背面 / 姚洪峰 摄

此，田螺坑土楼群才会组合这么美妙，给人强烈的视觉冲击力。

上看是平面，侧视一条线，下观似宫殿。从几个不同的角度观察，土楼会有不同的变化，给人以不同的感觉，形成景随步移、一步一景的特征，这也是田螺坑土楼群与众不同的地方及其无穷魅力所在。因此，田螺坑土楼群成为福建土楼标志性建筑，更是世界认知福建土楼的"名片"。在这张名片中，步云楼扮演了重要角色，特别闪亮，特别抢眼。

也可能由于这一原因，有一段时期，为了博人眼球，有人将田螺坑土楼群戏称为中国"古钱币"和"四菜一汤"，将步云楼形象地称为"古钱币"的"方孔"及"四菜一汤"的"汤"。黄庭芳坚决反对这样的俗称，他说："田螺坑是中国首批历史文化名村、世界文化遗产地，能那么俗地比喻为'四菜一汤'吗？高雅的步云楼，怎能沦为'孔方兄'？"黄庭芳的质疑不无道理。

黄庭芳执着地捍卫着田螺坑土楼的文化形象。他的热爱可以说是到了痴迷的程度，为了研究土楼，他饱览群书，翻遍了许多古籍，甚至有时候为了参透一个土楼名字蕴含的意义，不惜花上几年时间。他发现，不知何故，田螺坑土楼群五座土楼大门都没有嵌楼名的对联，让人感觉文昌楼、振昌楼、步云楼、瑞云楼、和昌楼只是平凡的土楼名称。黄庭芳将五个楼名有机联系起来。其中，他对"步云"的理解，就是要"登高展望，胸怀大志，成大事者不拘小节，站得高看得远"。

由于地理原因，清晨或雨后，云雾缭绕，田螺坑土楼群若隐若现，似人间仙境。云雾散去，首先展露在人们面前的往往是步云楼的真容。也许，欣赏田螺坑土楼群不一定要懂得传统文化，但是，心领神会田螺坑土楼群与山水交融、与天地参合的奥妙，不仅要观其形，更要悟得其神。

有意思的是，侧看田螺坑土楼群，文昌楼、振昌楼、步云楼形成了一条"线"，如同一个人仰躺在坡地上，步云楼就是那高挺的身体上部，望着星空，给人不尽的联想。从下观景台仰望田螺坑土楼群，除像西藏的布达拉宫外，我更倾向于以为是一个张开双手、并立脚跟的巨人，欲奔向远方，步云楼就是那前进的"驱动力"。偏僻的上版寮田螺坑村人面对大山沟壑，勤耕力作、休息闲暇之时，常常抬头望天，望日月星辰，望云彩霞光，心中难免有期盼，盼望走出大山深处，盼望远方和未来，盼望采撷天空的云月。建造步云楼应该就是他们的期许，步步登高望云月，步云楼寄托了他们太多的希望。

"步上九天揽明月，云下四海聚祯祥"，步云楼让我领略到了田螺坑土楼群的雄伟刚强与柔和秀美，感受到了田螺坑土楼群的博大！

和贵楼位于南靖县梅林镇璞山村中部，又称"山脚楼"。由简氏家族建于清雍正十年（1732年），原为四层楼，1926年被土匪放火，重建第四层并加建第五层。

　　和贵楼整体由楼和厝组成，坐西朝东，长方形主楼面宽约36米，进深约28米。墙基由大河卵石干砌至1.5米高，以上由夯土板筑，夯土墙高13米，墙厚1.3米，往上逐层收0.1米，瓦屋顶坡度平缓，出檐达3米多。底层为厨房，二层为谷仓，三至五层为卧室，每层共有24间房，并在四个墙角设置楼梯。楼层内侧设回廊，为穿斗式木构架。楼中有天井，以河卵石铺设。内院建"三间一堂"式祖堂兼私塾学堂，堂内悬挂国民政府主席林森颁赠的"兴学敬教"横匾。祖堂左右各有一眼水井，一口水质清澈甘甜供饮用，一口水质浑浊不清供洗涤，被人称为"阴阳井"。

　　和贵楼最神奇之处在于其地基为方圆近3000平方米的沼泽地。建造者运用悬浮原理，以松木打桩铺垫，并利用桩基、筏基技术，使土楼历经280多年仍坚固稳定，屹然屹立，宛如一艘漂浮在平静海面上的巨轮，为大型生土建筑之奇迹，具有极高的建筑研究价值，被誉为"天下第一奇楼"。该楼于2001年被公布为全国重点文物保护单位，2008年被列入"世界文化遗产名录"。

# 云水溪畔说和贵

尔　曼

　　生在南靖长在南靖，我清楚地记得每一座土楼的地理坐标。一次次走过崇山峻岭，穿过竹林树海，总是贪婪地享受着云水溪畔微风拂过，呼吸岁月洗礼的泥土芳香，聆听鹅卵石上跳动的历史足音。

　　圆楼常有，方楼不常见，像和贵楼这般神奇的方楼更属稀罕。15 间凹形平房如围墙一般将主楼包裹其中，打从见面的第一刻起就在诉说自己的与众不同。护厝大门与主楼大门错开，位于正中偏右处，难免让人想起北京四合院大门，二者异曲同工之处在提醒着人们土楼实则是北民南迁的产物。只不过三间一堂式祖堂兼私塾学堂位于主楼正中，又不知不觉将你拉回闽南深山。"厝包楼，子孙贤；楼包厝，子孙富"的结构格局理念，想必是出于风水的考虑。与楼民的闲谈，证实了我的猜想。280 多年前，简氏第十三世孙简次屏寻得一肚兜状沼泽地，风水先生认为在此建立基业，子孙会人丁兴旺、读书中举、福

和贵楼外景／吴德清 摄

105

禄寿全。简次屏一听，放弃考举人，花下 15 000 两银子一心
建楼，于是有了占地近 1600 平方米、高达五层的方楼——
和贵楼。

　　走进和贵楼，学堂里"和地献奇山川人物星斗画，贵
宗垂训衣冠礼乐圣贤书"的祖训与楼外"和靓既康禄，贵
子共贤孙"的门联共同诉说着简氏族人的宏愿与信仰。学
堂内传来的喧哗声吸引我走了过去。原来是游客在天井间
弹跳，鹅卵石地面上下晃动，不争的事实印证着和贵楼是
一艘沼泽地上的挪亚方舟。据说当年和贵楼刚建一层就如
沉船般慢慢下沉到烂泥地里，简次屏偏偏不死心，相信"风
吹千年杉，水浸万年松"，请来上百个帮工，砍来 100 多
立方米的松木，在下沉的楼墙上打桩，用卵石砌就一米多
高的墙脚再重新夯墙。外墙底层夯土墙厚 1.3 米，往上逐
层收缩 10 厘米，夯筑到四层后停工一年，待楼基稳固才
建第五层。最终楼建成，高达 17 米，有 140 个房间。

五层通廊 / 吴德清 摄

　　到底是什么支撑着简次屏在沼泽地上创造建筑史上的神话？与其说是风
水，不如说是骨子里的执念。资料显示，土楼的诞生与客家人这一特殊群体息
息相关。早在秦朝征岭南、融百越时期，因为战乱等，他们逐渐往江南、闽粤
赣一带迁徙，到南宋已成为相对固定的客家族群。背井离乡，四处逃命，在异
乡反客为主，最需要的是安宁与安全，他们或是择取层层山梁作为屏障，或是
在险要之处定居。显然，大山深处危险的沼泽地在当初给了简次屏安全感。这
群"中国的吉卜赛人"，逃亡中被激发的生存本能和无限聪慧，让我们今日所
有的震惊有了合理的答案。

　　走出学堂，两口水井分布其两侧。左边明亮如镜，甘甜可饮用，右边井水

却浑浊不清，完全不能饮用，只能用作日常洗涮，当地人称作"阴阳井"。由于沼泽地浅层是腐臭的沼泽水，深层才是可供饮用的地下水，当初建造者肯定明白这个浅显的道理，必定将井打到了地下水层。两口水井水位均高出地表30厘米左右，二者位置相距仅18米，水质却截然不同，这成了老天馈赠给后人的神奇景观。细看"阳井"之中，清澈的水面投射出几片云彩，几只鲤鱼在其间跳动，仿若一幅水彩画，灵动鲜活。这在几百年前，也是客家人智慧的体现。生存无危方有生活可谈，井水是否安全，一看水中鲤鱼便知。客家人一方面为了摆脱远方的战乱而长途迁徙于此，另一方面也要躲避本地山匪的劫掠，生存安全任何时刻都是客家人最基本的需求，这在土楼大门构造上也可见一斑。

和贵楼大门门板取材于耐火的"咬冬木"，厚达10多厘米，门梁上方设有三道水槽，若遇盗匪用火攻门，可从二楼往下灌水灭火。再细看全楼，底层并无窗户，二层也只有一条不足20厘米的通风小缝，三至五层窗洞也是内大外小。可见，大门一关便是一方高枕无忧的小天地。

打从土楼被列入"世界文化遗产名录"后，简氏后人更是用心呵护先辈留下的宝贵财富，游客已无机会大批量上楼参观。征得主人同意，我有幸上楼走了一遭。上至顶层，透过方寸窗洞向外望去，是一座形似笔架的小山，当地人称其为"笔架山"。原以为这又是大自然的鬼斧神工，一问才知，山上尖峰是简氏族人历尽三年时间用畚箕担土一担一担堆积而成的，他们认为这样可使楼里人丁兴旺，人才辈出。

正门全景 / 吴德清 摄

对文化的渴求，对家族荣耀的美好期盼早已融入简氏后人的血液。也难怪楼内悬挂那么多布满历史尘埃的牌匾。"进士"牌匾的主人名叫简逢泰，为简次屏之孙，12岁考中秀才，后连捷中进士，官至工部屯田司主事、两广分巡道。另有两块"兴学敬教""兴学利侨"牌匾，分别由国民政府主席林森、国民政府侨务委员会委员长陈树人颁予简羡强。说起简羡强，简氏后人一脸自豪与感恩。简羡强为简氏的第十九代孙，迫于生计，年轻时到缅甸谋生，曾担任缅甸救济总会负责人、海外侨务委员会副主席。故土乡情是他割舍不断的牵挂，20世纪30年代，他在村里捐建崇文学校，发展文教事业，发动侨胞捐资捐物支持抗日，受到后人敬重。

前门 / 吴德清 摄

走出土楼，用手抚摸粗糙的墙体，后墙已有些凹陷不平，斑驳的表面清晰可见修补的痕迹。一问才知道，1864年太平天国军队攻陷此地后，和贵楼楼内房子被烧了一大半，楼外墙也严重烧裂倒塌，直到第三年才重修复原。如今，又过百余春秋，和贵楼历经风雨依然古朴厚重、沉稳坚固。后人常说土楼的墙壁是由生土、糯米、红糖混合夯筑而成，物质匮乏的年代里，是否有用糯米、红糖如此奢华的材料着实有待考证，但生土定是不假。用生土建造，看似原始，却远超今日各种高科技材料，没有丝毫污染；竹片放在墙中拉筋似乎落后，其实古人早就明白钢筋的重要性；夹板作为建筑工具或许简陋，但已是科学建造又不失艺术性的最好方式。方寸天地，一石一土，处处彰显着客家人的智慧与自信。

世界之大，唯有福建才有土楼如此奇特的建筑；土楼众多，仅有和贵楼如此不凡的一处。与其说和贵楼是建筑史上的奇葩，还不如说是一幅绚丽的画、一首隽永的诗、一支沁心的歌。画里，是一群中原男子携妻带子，栉风沐雨，躲避贼寇，绘制出以和为贵的家族蓝图。诗里，有你伸手可摸的历史，一束天光直射楼内，只要你愿意，便可牵起古人智慧的手，来一场跨越时空的对话。歌里，是咚咚作响的楼板回声，还有少女卷起裤腿坐于溪边岩石上，任溪水拍足，听鸟叫蝉鸣。

深秋时节，楼前晾晒的柿饼红得醉人，在卵石垒制的古道上拉出一道耀眼的光，在夕阳的余晖中，闪烁出历史的背影。我仿佛瞧见一个个古人从方楼中走出，伴着岁月的风尘，带着和贵的家训，沿着古栈道走向另一个美好……

南靖怀远楼

怀远楼位于南靖县梅林镇坎下村东部，由旅居缅甸的简氏第十六世孙简新喜兄弟于清光绪三十一年（1905 年）至宣统元年（1909 年）捐资兴建。为双环圆形土楼，坐北朝南，占地面积约 1380 平方米，建筑面积约 3460 平方米。

怀远楼墙基用河卵石加三合土垒筑。因其夯土配方独特，夯筑技艺高超，外墙体十分光滑坚固，历经百年风雨，至今依然完好无损。外环楼高四层 13 米，只开一道大门，额书"怀远楼"。楼内用土坯砖隔间，每层环周 34 间，包括房屋 29 间、双向对称楼梯 4 间和门厅 1 间。一、二层不开窗，一层为厨房和餐厅，二层为谷仓，三、四层开小窗作卧室。卧室呈扇形，开门一侧面宽约 2.6 米，外墙一侧宽约 3 米，房间进深约 3.3 米。四角屋檐下悬建四个楼斗（瞭望台），楼斗框架以楼内木梁挑出支撑，三面青砖砌筑，并留有射击口。内环楼为砖木结构，是一个同心圆形的祖堂，由弧形厢房和"斯是室"围合而成，俗称"诗礼庭"，雕梁画栋，古朴天然，富有浓郁的书卷气息，为旧时子弟读书、族人议事之所在。堂中还保留一块"助我义师"牌匾，是民国十五年（1926 年）国民革命军总指挥何应钦为感谢本楼居民支援北伐军攻打漳州而赠，是中国近代史的重要实物见证。

怀远楼圆中套圆，风格别致，为中型圆形土楼的代表，也是建筑工艺精美、保存完好的双环圆形土楼。该楼于 2006 年被公布为全国重点文物保护单位，2008 年被列入"世界文化遗产名录"。

# 怀德致远毓人文

蔡小燕

去过无数次土楼，与家人、友人或因工作之需，一年四季春夏秋冬，晴天雨天、白天夜晚、民俗节假土楼的模样都去见识过。许多时候仅仅是带着悠闲、舒适、轻松的心情去闲逛，而极少有感慨可发，但是偶尔，土楼会以它非常美好的瞬间触动我去当一个深沉的思想者。比如初秋的一天，因工作之需我早早到了怀远楼，此时，怀远楼还是初醒的样子，沐浴在晨曦中，静美、安详、柔和，少了游客没了喧嚣，是它最本真的样子：质朴、厚重、高大上。我用清新的目光看着历经百年风吹日晒却依然可以在晨光中露出清新一面的怀远楼，仿佛面对时间的智者，生出岁月静好的愉悦情绪，也生出走进它、探寻它的渴望。

怀远楼是一座双环圆形土楼，以建筑精美、保护完好以及极好地体现土楼人家的耕读文化而著称。它位于漳州市南靖县梅林镇的坎下村，与同样隶属于

怀远楼外景／冯木波 摄

怀远楼内景 / 冯木波 摄

梅林镇，拥有云水谣古道古榕的官洋村、和贵楼所在的璞山村相邻，这三个村历史上统称"长教"，后因电影《云水谣》在此取景拍摄，改名"云水谣"。怀远楼是人们参观云水谣景区必看的景点之一，是福建土楼的佼佼者，2006年被公布为全国重点文物保护单位，2008年被列入"世界文化遗产名录"。

楼体坐北朝南，建成于清宣统元年（1909 年）。楼高四层，每层 34 个开间，四层共 136 个房间。墙基用鹅卵石和三合土垒筑而成，历经百年风雨依然光滑牢固，感受不到时间的流逝，足见当时建楼技艺的精湛。怀远楼由长教简氏开基祖德润公的第十六世孙简新喜、简新盛、简新嵩三兄弟创建。据介绍，长教五世祖简永贵从坎下迁往广东大埔，开基至十五世简良有，即简新喜兄弟的父亲，又携家带口从广东大埔迁回坎下村定居，先是在邻村官洋下东山修建了一座单层四合院居住，但经常遭到土匪打劫，故决定修建土楼以防匪患。当时，十六世的年轻人纷纷外出寻求发展，简新喜三兄弟也前往缅甸做生意。几年后，简新喜受兄弟委托，回国购置田产，买地建楼。经反复选址，最后决定以坎下族亲简易土坯房地为基础，并购得周边的菜园地，兴建怀远楼。清光绪三十一年（1905 年）动工筑起楼基部分，而后每年夯建一层，直到清宣统元年（1909年）建成四层楼，历时五年，花费白银一万多两。建楼的钱都是简新喜的兄弟简新盛、简新嵩从南洋寄回来的。简新喜在建楼时还特地请来秀才题楼名写对联，并在楼里设立私塾"斯是室"，请先生为族中子弟传道授业，从这点可见土楼人家对文化的渴望和对教育的重视。

怀远楼全楼只设一个大门，上方红底框内的"怀远楼"三字，苍劲有力，寓意深远，既是表达对远祖感恩怀念之情，又有勉励子孙后代胸怀远大志向的良苦用心。楼门两侧刻有楹联："怀以德敦以仁藉此修齐遵祖训，远而山近而水凭兹灵秀毓人文。"对联对仗严谨，意蕴深远。楼前的石埕上用彩色鹅卵石镶嵌成一个八卦阴阳太极图，是土楼人家对风调雨顺、五谷丰登、家庭美满幸

楼内木雕装饰 / 冯木波 摄

福理想生活的美好心愿。大门两侧下方有四个大字"福禄寿全"，意在告诫子孙，福禄寿全是相对的，只有努力才能获得。站在怀远楼门外仰望，可以看见楼的四角顶端出挑建了四座瞭望台，这高高在上的哨卡给怀远楼增添了几分城堡的威严和神秘。瞭望台的功能在当时主要是远眺、侦察，它有射击口，遇敌人或土匪入侵，可以组织火力攻击。当然，今天的瞭望台主要是用来赏景，登高放眼四周，头顶是蓝天白云，楼前屋后，瓜果、树木、田野、小溪流还有屋舍尽收眼底，美不胜收。只见天、地、人自然完美和谐地融为一体，充满田园牧歌式的诗情画意。

进入大门，就是楼内楼"诗礼庭"，位于楼内大天井正中，为全楼精华之所在。大门至诗礼庭甬道两边分别砌墙把大天井隔开，砖墙上镶嵌着做工极其讲究的带有通花图案的四方琉璃砖，是建楼当年从南洋带回来的。诗礼庭为砖木结构，面阔三间，是抬梁式五凤楼，大门上书"诗礼庭"，两侧有对联"诗书教子诒谋远，礼让传家衍庆长"。门板题刻"式穀""诒谋"，表达对祖先的敬重和对子孙的关爱。跨过诗礼庭小天井，迎面就是主体建筑"斯是室"，乍一看，就叫人想到刘禹锡《陋室铭》里的名句"斯是陋室，惟吾德馨"。仔细观察，发现此楼建筑工艺考究，雕梁画栋，门窗装饰得古色古香，散发着浓浓的古雅书香气息。斯是室占地190平方米，是一座精巧的四架三间上下堂的五凤楼，既是祖堂又是私塾，也是全楼族亲集会议事的活动中心。两边的木柱子上阴镂对联"斯堂讵为游观，只计敦书开耳目；是室何嫌隘陋，惟思尚德课儿孙"。两边的木窗上雕刻着九条形态各异的龙，表现出怀远楼人志向远大、壮志凌云的气概。正堂两端屋架斗拱上装饰着木刻书卷式饰物，镌刻篆书镏金对联"月过花移影，风来竹弄声"和"琴书千古意，花木四时春"。斯是室两边的厢房是教书先生的住房和书房，两边门窗分别有对联"书为天下英雄业，善是人间富贵根"和"世间善事忠和孝，天下良谋读与耕"。品读这一副副或

状物写景或耕读并重或对子孙后代寄托厚望的对联，可知简氏族人数百年来何以人文鼎盛、人才辈出。

据简氏族谱记载，从明代中期开始，就有简氏族人陆续移居台湾，如今已达23万。据台湾有关部门统计，简姓在台湾百大姓氏中，已排名第36位，他们都是南靖长教简氏的后裔，在各行各业中出了不少精英，其中最令人自豪的是著名抗日英雄简大狮。

怀远楼外环 / 冯木波 摄

简大狮系长教开基祖德润公的第十七世孙，属迁台第四代。原名简忠浩，"大狮"的绰号还源于故乡的简氏大宗祠。据传，简大狮从小就性情刚烈，好打抱不平，年轻时随族中长辈到祖籍地祭祖省亲。那时简氏大宗祠刚好开设武馆，因尚武就留在武馆习武，三年后练就了一身好武艺，而且力大如山，大宗祠门口的两只大石狮子，别人挪都挪不动，他却轻易就能举起来，还绕堂一周，众人惊叹喝彩，呼他为"大狮"。从此，这个绰号伴随他一生，也成就他一世英名。简大狮出师后，一身侠肝义胆，后回台湾淡水定居，广纳门徒，交友习武。《台湾省通志》卷七"人物志""第三章 民族忠烈篇"载："（简大狮）任侠好客，市井佣工，均礼之若上宾。"1895年，台湾被清政府割让给日本。简大狮率众起义反抗，他的抗日义军在非常艰苦的条件下坚持了三年，失败后逃回漳州，不幸被清军抓获后送交日本侵略军，受尽酷刑后壮烈牺牲。1988年，当年简大狮被捕之处的简氏祠堂被列为漳州市级文物保护单位，祠堂前立碑"简

大狮蒙难处",碑后镌刻短文简述其在台抗日的英勇事迹,以此昭告后人。

怀远楼里的简氏族人信奉城隍,建有必应宫,又叫城隍夫人庙,是简氏先人从平和九峰奉请到长教的。一个村建有城隍夫人庙,这是值得追问为什么的。长教的城隍信仰约兴于清代。据简氏老人们介绍,简氏十六世孙简文俭的妻子患病,四处求医不见好转。一日,来自平和的货郎路过简文俭家,得知其妻的病情,就说平和九峰城隍庙的药签十分灵验,可前往求签问药。简文俭一听立即动身前往,求来灵药,其妻服药后果然药到病除。从此,长教的村民们得了疑难病症都会去求九峰城隍的药签,对城隍的信仰由此传开来。因两地相距百多里,交通不便,村民们商议到九峰城隍庙奉请城隍香火来长教保境安民,救治百姓。可是城隍庙属府建制,城隍爷只在县城,哪有到偏远山村的。然而简氏先人有智慧、有诚心,最后把城隍夫人的香火请到了长教村,至此,长教就有了一座精致的必应宫用来供奉城隍夫人。每年的农历正月初七,从前的长教先民都会抬着城隍夫人前往平和九峰城隍庙"挂香",次日返回。正月初九,是城隍夫人的生日,长教及附近的百姓必齐聚必应宫,杀鸡宰鸭携带各类供品前来祭拜,祭祀活动热闹非凡。

一座土楼就是一座城堡,充满地域建筑特色和地方文化。怀远楼,一座书香弥漫的山区民居建筑,从中让我们领略到的是简氏先人的智慧和勤劳,它诠释的是一个聚族而居的族群繁衍壮大的内涵,及对文明古国几千年来耕读文化的传承和维系。

南靖裕昌楼

裕昌楼位于南靖县书洋镇下版寮村上节自然村，约建于清代中期。为圆形土楼，坐西朝东，占地面积约 2290 平方米，建筑面积约 6360 平方米。

　　裕昌楼外环高五层，檐口总高度约达 13 米，为南靖最高的圆楼之一。外环楼属内通廊式，底层为厨房，家家都有一口深 1 米、直径 0.5 米的水井，井水清甜甘冽，伸手即可打水，井口还可加盖，既卫生又方便。该楼最初为刘、罗、张、唐、范五姓族人共同兴建，故整座楼按"五"来设计，例如，楼高五层，每层分为五卦，一大卦 13 开间，四小卦各 9 开间，每卦设一部楼梯，共计 54 开间；外墙设五个瞭望台；楼内天井中心建有单层圆形祖堂，堂前用河卵石等分五格铺成大圆圈，代表阴阳五行图案。祠堂共有三个门，正门为喜门，喜事和祈福由此进出；左边为生门，祈愿孩子平安健康由此进出；右边为死门，丧事亡殁由此进出。

　　裕昌楼在建成不久之后，不知出于什么原因，三、四层回廊柱子朝顺时针方向倾斜，五层回廊柱子又朝逆时针方向倾斜，最大倾斜度达 15 度，且经受住了一百多年的风雨地震考验，至今依然牢固，安如泰山，是一种因圆形通廊相互牵制而没有坍塌的神奇倾斜，故而又被称作"东歪西斜楼"。2001 年被列入省级文物保护单位。

# 神奇的"东歪西斜楼"

韩守泉

　　某日，我与县文联诸友到南靖书洋镇上下版寮村土楼群采风。上下版寮村之间的距离只有4千米。田螺坑土楼群在上版寮村。车子拐过几道弯，很快就到了下版寮村。那里是一块群山环绕的平地。一条清澈的溪流蜿蜒而过，山坡上有种茶和水稻的层层梯田。12座土楼就错落有致地分布其间。最负盛名的自然要数裕昌楼。

　　裕昌楼临溪而建。大门两旁悬挂两盏大红灯笼。门框上有大字书写的两副门联，一云"裕发家祥万事亨通，昌隆世衍百业兴旺"，二云"裕及后昆克勤克俭成伟业，昌承先世维忠维孝是良规"，横批"广集门德"。走进宽阔的大

裕昌楼外景／李淑芬 摄

裕昌楼内景 / 冯木波 摄

门，可以看到门厅里放着供人歇息、光亮可鉴的长木凳。两边还放着米碓、石磨和糍粑臼等器物。这些旧时农家器物，让你想见当年土楼女人在舂米磨面，男人坐在长凳上闲聊的农家生活场景。

走进了楼内，朝楼内环视，最醒目的是那歪歪斜斜的柱子。难怪人们都称它为"东歪西斜楼"。这时，楼长老刘立即过来热情地招呼我们。老刘一边带领我们从一楼爬到五楼，在每层楼的廊道上走了一圈，一边津津有味地讲述着裕昌楼的历史故事。

民间传说裕昌楼始建于元末明初，有六七百年历史。但据专家考证，此楼应为清代中期建筑。楼址原为沼泽地，初建时曾倾倒过，后来在地基下面垫了

松木才建成。裕昌楼为五层结构，每层有 54 间大小相同的斧状房间，整座楼共有房间 270 间。每层楼房前的木板廊台连成环形通道，与五道楼梯形成四通八达的人行道。三楼以上为卧室，二楼为储藏室，一楼为灶间。灶间内掘有小水井，主妇做饭烧菜时，只需拿起水瓢直接从井里舀水来用，方便极了。卧室冬暖夏凉，因为厚厚的土墙能调节气温。前后有门窗，夏天打开就会凉爽，冬天关闭就会暖和。整座楼只有一个大门通向外界。门扇由三块砖厚的木板做成。大门下有条石门槛。大门扇一关闭起来上了闩就固若金汤。这是土楼先民为防范盗匪和猛兽的骚扰而设计的。

走完五大圈的廊道，我们随老刘来到他的灶间前廊道上泡茶喝。饮着老刘自制的清明老茶，色香味俱佳，久久回甘，有一种沁人心脾的感觉。

老刘又介绍说，裕昌楼初建时是由刘、罗、张、唐、范五姓人家合建的。为了表示五姓家族永远和睦相处，共同富裕昌盛，便把土楼命名为"裕昌楼"。据说建楼时，木匠师傅和泥水师傅的供食由五姓人家轮流。一个夜晚，因供食人交接失误，没给正在连夜加班的木匠师傅送点心。当时老师傅因事外出，由他的几个徒弟作业。那些徒弟心里不高兴，就没把柱梁的榫头做得合乎规格。后来组装上去，经过一段时间，竟然出现柱子歪斜的问题。主人责问老师傅。老师傅说，圆土楼外墙坚固，内部柱子虽然歪斜，但整体合力牵扯稳定，不会倾倒。果然历经六百多年，也有过地震，土楼安然无事。老刘讲的"东歪西斜"故事只是一种传说，真正的原因何在，至今还是个谜，还是难以说清，然而其安然无恙却是事实。

　　同行的小何风趣地说，小木匠师傅想捉弄楼主，没想到却歪打正着，使裕昌楼因柱子倾斜而名扬四海。像裕昌楼这样歪而不倒的土楼是绝无仅有的，它既是有趣的人文景观，又是建筑史上的一个奇迹。

　　老刘说，裕昌楼建成后由五姓各住一单元。有一天，一只老虎从山上跑进裕昌楼，在廊道上溜了一圈，然后又回到山上，向裕昌楼长吼一声。刘姓的老人以为老虎闯楼是吉祥的兆头，而其他四姓的老人却认为是不吉利。于是他们把各自居住的单元转卖给刘姓人家，从此裕昌楼便由刘姓人居住了。刘姓老人果然有眼光，几百年来刘姓家族既"裕"又"昌"，不仅丁财两旺，还出了许多人才。清代就有进士刘秉杰，明经进士刘攀麟，恩赐进士刘宗海、刘奕彦、刘奕祚等；民国年间有四川中央政治大学教授、厦门大学教授和省民政厅厅长；1949年后，大学生更是不计其数。

　　我们喝过茶，老刘又带我们到天井中间那座祖祠参观。祖祠为二进式。中有小天井，前有拜庭，后有中堂，左右为厢房。祖祠开有正门和左右两个旁门。正门叫喜门，为办喜事和日常活动所进出之门。左门叫生门，为给新生儿祈求平安等事所进出之门。右门叫死门，为办理丧事所进出之门。堂中供奉观音菩萨佛像，长明灯长明不灭。那里是整座土楼的核心。在楼里族人的心目中，祖堂是最为尊崇的地方。如学者王镇华所言："有堂的地方，就有中国文化的蕴育；有庭的地方，就有中国空间的风流。"这里既是族人的议事厅，又是节日和红白喜事的活动中心，平日则成了孩子们念书的地方。祖祠前的地面铺满鹅卵石，中间有五行图案，金行为"△"，木行为"+"，水行为"≈"，火行为"M"，土行为"Λ"。那鹅卵石铺就的巨大圆形天井，宛如一幅布满星座的天体画卷。

　　突然间传来一阵歌声。老刘说，那是一个姑娘在练唱，她会唱汉剧。大家全神贯注地聆听那唱词："我听了他假惺惺，别了他常挂心……"老刘解释说，那是汉剧《玉簪记》的唱段。旧时，裕昌楼有两个汉剧戏班麟凤班和彩凤班，演唱《白蛇传》《樊梨花》《水鸡记》和《蜘蛛网》等剧目。听罢那姑娘的汉剧唱词，老刘也用汉剧调子唱起一首诗："夯土筑楼六百年，七歪八倒泰安然。神工鬼斧人惊叹，留得奇观在世间。"这首诗是一位庄姓老先生来游裕昌楼时即兴创作的，并书写送给老刘。

　　谈话间，一个女人端着一盘土楼小吃"金包银"（肉馅粉团）过来。原来她是与我们同行的小张的妹妹。她从邻村嫁到裕昌楼。刚才她去卖"金包银"，回来见到她哥和朋友们来了，就又蒸一笼"金包银"请我们吃。这使我想起了土楼人的命运。改革开放前，土楼人想走出大山，除了念书考大学找工作就是女子外嫁，如我的好友老肖和小张就是通过念书走出土楼的。如今，土楼人大都到城里去打工和创业。像小张的妹妹，虽然没离开山里，但随着土楼的名声远扬，她在旅游景区里做小生意，日子也一天天滋润起来。

蓝天下的裕昌楼 / 冯木波 摄

　　同行的文友们走出了楼门。老刘领着大家又绕裕昌楼外围走了一圈，看到了五楼建有伸出墙外的五个瞭望台。老刘说，在瞭望台上可以眺望到四周很远的地方。望着那斑痕累累的古楼墙，我心中不禁萌生一种土楼文化的厚重感和历史的沧桑感，当即吟咏起文友小曾作的一首《渔歌子》："荏苒光阴太匆匆，酸咸苦辣各不同。寻常事，古今中，百年诗酒御悲风。"文友们听了，都和我一起沉浸在诗的意境之中。这时，已近黄昏，整个土楼乡村笼罩在夕阳晚照中，从田园和山上归来的土楼人，有牵牛，有荷锄，有背犁，有挑果，有担菜，有赶羊，有赶鸭。他们都迈着缓慢的步伐。远处还有人在唱着快乐的山歌。此情此景，让人感觉如入世外桃源，流连忘返。

星空下的裕昌楼 / 冯木波 摄

平和绳武楼

绳武楼位于平和县芦溪镇蕉路村，清嘉庆末期由芦溪十八世太学生叶处侯始建，历时数代，至光绪元年（1875 年）方才竣工。外墙由生土夯筑，楼内面墙由青砖干砌，为通廊、半通廊与单元式相结合的圆形土楼。

绳武楼分内外双环，外环楼三层，高约 11 米，直径约 44 米，内环楼单层，高约 5 米。内外环等分成 14 个单元，分别为宗祠、大门 2 个公共单元和 12 个两开间的独户住宅单元。各单元门开向中心的天井，天井中间有一口水井。内环楼做门厅、厨房，经天井及两侧走廊通往外环楼。外环楼底层是餐厅、客厅和卧室，每间都有楼梯通往第二层；第二层是各户的私人住房；第三层则供各户作为客房或储藏之用。第二层与第三层之间没有楼梯直接相通，而是要从楼门边的公共楼梯上下。一、二层楼为单元式，第三层设内环通廊。主楼外围还有双层连排厝包楼。

绳武楼最为人所称道的就是精致的雕刻艺术，至今仍保存有各类花样不同的木雕 600 多处，泥塑、石雕、壁画、彩绘达百处以上，均构思奇巧、图案华美、样式各异、刻工精湛。据说这些雕刻精品都是楼主叶处侯花费重金聘请各地工艺大师历数十年精雕细琢而成，堪称福建民间传统建筑装饰艺术的宝库，具有较高的历史价值和艺术价值。该楼于 2001 年被公布为全国重点文物保护单位。

# 绳武楼：土楼中的"美女"

许初鸣

　　辛酉年正月初一，笔者和文友驱车百多公里，又一次来到平和县芦溪镇看望土楼中的"美女"——绳武楼。虽然她已经是国家级文物保护单位，但笔者还是为她因不该有的原因而未进入"世界文化遗产名录"而感到遗憾。这座土楼太精美了，她完全有资格列为世界文化遗产。

　　这座美女土楼位于平和县西北部的芦溪镇蕉路村，这里处于平和、南靖和永定三县交界，三角地带接壤的地区包括平和的芦溪、南靖的书洋和梅林、永定的湖坑三县四镇。福建土楼的精华作品大多聚集在这个三角地带。

　　现在绳武楼还有人在里面居住。我们一走进绳武楼，就有一位精神矍铄的老者迎上来，主动热情地向我们打招呼，接着就滔滔不绝地向我们介绍绳武楼

绳武暮韵／曾俊勇 摄

绳武楼内景 / 朱连生 摄

的建造史。"建成一百多年了",话语中充满自豪感。绳武楼始建于清朝嘉庆年间。芦溪叶氏十八世太学生叶处侯开建,其子叶贡珠、叶步云、叶清良延续建造,一直到他的第三代,于光绪元年(1875年)方才大功告成。这座土楼施工严谨,精雕细琢,其间经历了嘉庆、道光、咸丰、同治、光绪五朝,整个建设过程用了约半个世纪,如果从叶处侯的父亲选定楼址算起,时间还要更长些。

几代人接力打造出来的民居,承载着多少岁月的沧桑,铭记着多少曾经的梦幻,隐藏着多少昔日的繁华!从这位健谈的老者带着几分夸耀的介绍中,我们似乎穿过时光隧道,看到泥匠木匠上上下下奔走忙碌的身影,听到叮叮当当的敲打声,想象着叶家主人在现场指挥的模样。

据当地叶氏族谱记载,叶处侯父亲居竹公,小名苞,生于乾隆四十年(1775年)。叶处侯的母亲出生于隔壁大坪新厝社一个黄姓大户人家。这位黄家大小姐乳名智娘,她知书识礼,进入叶家以后,与左右乡邻和睦相处,受到乡亲的普遍好评。居竹公生前就准备在村子里的风水宝地建设一座圆土楼,但直到他去世时还没动工。叶处侯小名贞卿,有五个兄弟,他排行老二,从小聪明好学,成为太学生,但不愿走科举应试入仕为官的道路,年轻时到广东经商,又飘洋过海到东南亚发了财,遂回乡"起大厝"。

叶处侯筹建绳武楼,取名"绳武"就是为了继承祖业,光宗耀祖。"绳武"典出《诗经·大雅·下武》:"昭兹来许,绳其祖武。""绳其祖武",意思是踏着祖先的足迹继续前进,比喻继承祖业。据说叶处侯建设土楼精益求精,是受到《镜花缘》的影响。《镜花缘》是清代李汝珍创作的长篇小说,主要描写唐敖、多九公等人乘船到海外经商、游历的故事。他们路经女儿国、君子国、无肠国等三十多个国家,见识各种奇人异事、奇幻风物。叶处侯当初出洋经商就是受到《镜花缘》影响。如今发了财,要"起大厝"了,也要模仿《镜花缘》中的奇幻场景。他与土木师傅一起商量说:《镜花缘》书中写了百种花草,我

要在这座土楼里雕塑百种以上的花草胜过它，请大家尽情发挥出最好的水平。叶处侯一直把建楼的土木师傅奉为上宾，当成一家人看待，这让他们深受感动，遂各显身手，尽心尽责报答楼主的知遇之恩。叶处侯去世后，其后辈又继承父业，终于在光绪元年（1875年）最后建成。

这座圆形土楼依山傍水，偎依在大自然的怀抱里。楼分内外双环，内环一层，外环三层。外环三层中的底层为单元式，每个单元各有一间客厅、一间厨房和一间卧室，各有楼梯上二层楼。二层是各户的私房，内面设窗与窄小的假阳台。也就是说一层连同二层属单元式布局。而各单元二层就不能直接上三层，三层为客房与储藏室，其单元、开间虽与二层对应，但必须通过圆楼大门边的公共楼梯才能上。三层内面有环楼通廊相通，便于各户相互联系。这种一、二层为单元式，三层为通廊式，两种布局形式结合起来的独特布局，使住户生活

外环楼／黄振文 摄

绳武楼人家/王福平 摄

既有公共性又有私密性，两全其美。

圆楼环绕着鹅卵石铺就的天井，中间有一口较大的水井，供楼内居民饮用。天井也成为楼内住户交流的公共平台。

绳武楼布局不仅美观，而且注重防盗、防火、防湿、防风、防震等功能。如楼的二层在大门上方有三个洞，可以从上面往下灌水，以防止寇贼进攻时火烧大门。

绳武楼从外表看其貌不扬，与其他土楼似乎没有多大区别，但其内部装饰却精致细腻，石雕、木雕、泥塑、壁画等无不让人拍案叫绝，特别是其中的木雕，更是精美绝伦，被誉为"木雕博物馆"。大门上的匾额镌刻着"绳武楼"三个正楷大字，字迹遒劲有力、深厚沉雄，是楼主叶处侯亲笔题写。楼名匾额旁边及下方的石雕线条流畅，形象鲜明，花草树木栩栩如生，可谓先声夺人。一层二层的梁柱、窗户、隔扇、屏风、壁橱甚至楼梯扶手都是镂空透雕或高浮雕，无论是奇花异卉，还是珍禽异兽，都惟妙惟肖，栩栩如生，十分逼真，十

楼内木雕窗棂 / 王福平 摄

分传神。而且这些雕饰还蕴含着吉利的特殊寓意，如牡丹寓意富贵，仙鹤寓意长寿，蝙蝠寓意福气；鲤鱼跃龙门、龙凤同呈祥等图案更是展示着深厚的传统文化和真诚美好的意愿。三层窗户上则雕刻着许多龙的不同变形图案，仔细看可以发现其中隐藏着福、禄、寿、喜、孝、悌、忠、信等字样。据不完全统计，绳武楼共有木雕600多幅，门额、梁柱、窗格、雕栏遍布都是，图案有花卉、人物、文字、飞禽走兽等各种，每种图案都不雷同。还有各种家具木作，也是精美绝伦，现今二层卧房中还保存着雕饰繁复华美、纯金涂漆的清朝大眠床。

绳武楼的泥塑散见于屋檐、门槛及墙壁上，有狮子、仙鹤、凤凰等不同的动物造型。如仙鹤单脚独立，正用长嘴梳理着美翅，微妙传神；而凤凰则富丽堂皇，飘然欲飞，大红和金黄两种色彩交错相间，旁边又以青、赤、蓝、黑等颜色互为衬托，艳而不俗。

绳武楼的壁画也很有特色，虽为平面画，却有立体感。圆楼大门两旁的墙壁各有壁画绕圆楼一周，组成一幅长长的画卷。画面古色古香，诗画相融，动静结合，繁简相宜，淳朴而生动。

西方的名言说：建筑是凝固的音乐。眼前绳武楼中轴鲜明、左右对称的严整布局，卯榫紧扣、钩心斗角的梁架斗拱，厚实庄重、古朴典雅的石框木门，生动鲜活、精致细腻的灰泥浮雕，犹如一部抑扬顿挫、跌宕起伏的交响曲，在绿水青山之间飘逸传扬，穿行回荡，拨动人的心弦，震撼人的心扉。面对"美女"土楼，我们要停下脚步，静下心来，对其各个部分乃至构件细细观赏，缓缓揣摩，慢慢回味。每当你观赏的方位和角度稍一改变，就会产生不同的视觉效果，得到不同的审美感受，好像流动的音乐随着时间的推移在升降起伏。空间在改变，时间在流动，音符在跳跃，人的情感之弦也被轻轻拨动。

精美的梁架承载着岁月的沧桑，斑驳的彩绘隐藏着往昔的繁华，精巧的木窗记录着悲喜的故事，寄托着我们每一个人绵长的乡愁，如梦的追忆。这座"美女"土楼默默地向我们展示其犹存的风韵，诉说其昔日的辉煌。

　　相信每一位游客来到这里，都会觉得不是踏进一座闽南普通民居，而是步入一座民间艺术宝库，感受传统文化的熏陶，得到莫大的精神享受、审美愉悦。

绳武楼里的文化节 / 黄振文 摄

餘慶德

余庆楼位于平和县霞寨镇钟腾村后坪自然村，清嘉庆元年（1796年）建成。

楼通面阔约45米，总进深约47米，为双环三层方形抹角单元式土楼，共有东、北两道楼门。正门朝北，由花岗岩密缝摆砌而成，高约3.3米，宽约2米，深亦近2米，门匾阴刻"余庆楼"，左右两侧落款"嘉庆丙辰，端月吉旦"，正门前还有一方池塘。外环楼为方形三层，四角抹圆，内环为方形一层。天井亦为方形，边长约18米，由河卵石铺砌，并挖有一口水井。从高处俯瞰，整座楼恰似一枚古代的大铜钱，外稍圆而内四方。内环楼为独户单元的门厅，四个转角处仅有一个门厅，过天井来到外环楼抹圆转角处，又分成四个平面呈扇形的独户单元。内环楼以青砖砌筑，外环楼由土墙隔间并承重。该楼原本从一楼到三楼都有一道环楼通廊，既让楼内居民便于互相沟通、上下联系，又增添了整体结构的艺术美感。但因于清末遭逢一场大火，大楼西面两个转角完全烧毁，环楼通廊目前也仅剩第一层能够贯通。

余庆楼是方形抹圆土楼之代表，并与同村一样依山而筑的榜眼府、朝阳楼、永平楼紧密相连，共同构成一组精美的古代建筑群，具有很高的文物价值和艺术审美价值。

# 风雨余庆楼

黄水成

冬日的余庆楼在晨阳中散发着金色的光芒，两百多年的风雨，令这座有着"皇家工程"美誉的大楼愈发耀眼迷离。外修圆而内四方，形似一枚古代大铜钱，这独特的造型令人猜想，它究竟有何不为世人所知的寓意。

村庄四周新屋林立，那些白墙红瓦亮得有些扎眼。榜眼府、朝阳楼、永平楼、余庆楼这四座明清古楼，像四朵大蘑菇错落有致沿溪排列。走在平和霞寨钟腾村这著名的传统村落，穿梭在村庄小巷中，青砖、灰瓦、夯土墙，目光顿觉得柔和起来，时光也仿佛倒流回肩挑手提、弓马驰骋的时代。

顺着古道漫步，那些远去的风景如青苔野草，迎面扑来。村庄的历史渊薮似乎都抖落在老楼的瓦垄罅隙间，幸存的"一府三楼"就像一部无声的家书，在幽幽诉说着一座村落、一个家族的一段远去历史，让人追溯，让人回味。而

余庆楼全景／黄振文 摄

这"一府三楼"中，余庆楼无疑是令人最心潮起伏的一页。

三层三十六开间，东、西、南、北均有四间正房，独特之处，四个转角处均有独立门户，各门之内又分为四个门户。这座饱含黄氏先人智慧结晶与荣耀的大楼，如今成了令人揪心的一座危楼，到处是新修旧补的痕迹，机砖、泥砖四处镶嵌在楼墙上，有些地方还损毁严重，大楼西面的两个转角处，还倒塌了六七间楼房，只剩四间正房。那被拔去房梁的墙眼，那斑驳墙面，成了一幅立体解剖图似的，让人对大楼的结构一览无余。

楼内的迎春赛神 / 黄振文 摄

然而，大楼的整体轮廓还在，楼内青砖立面，抛光长条石板环抱一楼走廊，方正的天井由大小不一的石头砌成。每户都是规整的石条门柱，屋内家家有独立小天井。尚有几户人家住在楼内，在这些老住户家中，红砖铺地，石板天井，柳条屏风，房梁粗细一致，椽条木板厚实，瓦垄疏密均匀，屋脊平整，小至毫厘，大到空间布局，处处有凭有据，一砖一瓦、一梁一柱，榫卯法式皆章法有度，充满韵律之感，是一座典型的清式闽南风格大厝，大楼雄风犹在。

看得出，余庆楼是一座精心构建的大楼，从选址到备料，精挑细选，风水

地理、结构布局、一砖一瓦都考究得很。方正的柱子，还有白色粉墙，家家红厅石板屋，可以想象落成之初的大楼是何等庄严气派。

遗憾的是，大楼原貌已毁去大半，一百多年前的那场大火，让一座精美的大楼几乎毁于一旦。外墙上至今留下乌黑的痕迹，由南往西，乌黑的痕迹沿墙根一直到房顶，从这些当年烧焦的痕迹便可看出当时火势的走向，甚至猜想到那场大火是何等猛烈。近半的楼间毁于那场大火，只能从幸存几个楼间那些形态各异的窗棂与护栏、字迹模糊的楹联，还有饱经岁月打磨的石板中，寻找当年的旧模样。

土楼最怕火，而乡下人又习惯把柴火堆在墙根下，屋后房檐下往往柴火堆得尤其高。可能在某个深夜，南面或西面墙根下的某个柴堆突然起火，一路蔓延，最后在西面熊熊燃烧，一下把大楼点着，待人发现时一切为时已晚，整个西南面都陷入火海。这时，应该是有胆子壮的青壮年跑到二楼和三楼房顶，果断地扒开砖瓦，撬开房梁，以此隔开火势，才得以保下大楼其他楼间；而西面那两个转角则完全烧焦，主人无力重建，最后连墙基都坍塌了，成了今日残角。

为便于互通，二楼和三楼原先也有环楼走廊。正是那次火灾，楼内居民意识到，层层相通的走廊有利也有弊，特别不利于防火，重建时，各家干脆把通廊用泥砖封死。如今，一眼便能分辨出翻修的痕迹，简陋且粗糙，与原貌精雕细镂压根不能相比，一些楼间甚至连屏风都没装上。看来那次火灾确实伤了元气，再也无力恢复原貌。

历史总会在不经意间的某个地方留下证据，这样的大楼肯定有它的"楼史"。余庆楼设有东、北两楼门，正门在北。余庆楼的"楼史"得从北门开始寻找。门上"余庆楼"三个大字遒劲有力，落款"嘉庆丙辰，端月吉旦"，并有两方印鉴，字迹模糊，一时难以辨认。让人费解的是楼门竟没留下楹联。更令人遐想的是，正门与相距不远的榜眼府门楼都朝北而立，都面对"双峰耸秀"的双尖峰。除了风水，或许还有更深的含义。

当地黄氏宗亲世代相传，黄国梁榜眼及第后，功德昭彰，乾隆帝为表其功，拨出与榜眼府同等数额的 13 300 两白银资助其建楼，让黄国梁的宗亲及后裔世世代代在此安居。历时三年，余庆楼于嘉庆丙辰年（1796 年）竣工。此说虽无据可考，多少有些令人存疑，但这座大楼真真切切地留下来，让两百多年来的黄氏后人在此安居却是一个不争的事实。"余庆"，《周易·坤》说"积善之家，必有余庆"，从楼名便可看出它与黄国梁的历史关联，无疑又是他留给后人的荫泽，并且要告诫后人，行善积德，造福子孙，这是根本，奖劝之意再明白不过。

资料记载，有清一代，福建武举，共出武状元三人，武榜眼两人，武探花五人。在当地黄氏宗亲的记忆中，黄国梁从穷乡僻壤一路比试到京城，一路过关斩将，最终夺得一个武榜眼头衔，在漳州无出其右，为唯一一个，可以说荣耀至极。

嘉庆丙辰年端月吉旦，正是 1796 年大年初一。为何选择在大年初一为大楼落成的吉旦，或许还有更深的一层原因。1795年春，黄国梁蹊跷离世。黄国梁突然辞世，在历史的洪流中连个微波都不会泛起，但对远在闽南小山村的黄氏宗亲来说，它不亚于耀星陨落，简直天都塌了。何况，这座打着黄国梁旗号的"皇家工程"已建了两年，大半工程已就，就像离弦的箭一样已不可收回，那干脆选择一个特殊的日子，过年迁新居，冲冲晦气，或许就是一个最好的理由。

前些年，在修缮朝阳楼时，竟意外地在内楼二楼外悬楼斗上，发现一块由几块普通杉木板拼接起来的"榜眼及第"匾额。在老一辈人记忆中，原先还有一块珍贵红木雕刻的"榜眼及第"匾额，可惜在"文革"时被烧毁。进而可以猜想，当年，黄国梁高中武榜眼的喜讯从京城传来时，黄氏宗亲是何等高兴，他们想都没多想，就迫不及待地赶制了一块普通杉木匾额先挂在楼门上，后来又替换上精致的红木匾额，以示尊荣。

改变的何止是这块匾额，整个村庄似乎都随着黄国梁前进的脚步而日新月异。1790年，一座颇具规模的宫殿式建筑——榜眼府矗立在世人面前。同年，榜眼府对面的朝阳楼也矗立在世人面前，而且朝阳楼外楼正门石匾上，还题写了"世大夫第"四个大字以示显赫，楼前立起的三座石旗杆，清楚地昭示了黄

正门外/黄振文 摄

国梁从武秀才到武举人再到武榜眼的辉煌历程。再过三年，余庆楼动工兴建，与此同期出现的还有榜眼驿站、榜眼练功房……大到一座楼，小到一颗石头，村庄里外都打上了武榜眼黄国梁的烙印，处处都留下了黄国梁的传说，他是一个催人奋进的号角！

以此看来，即便榜眼府和余庆楼非乾隆御赐所建又有什么关系呢，宗亲们借着黄国梁的光环，兴土木，建家园，并把这一切都归功于黄国梁一人身上，以此激励后人也并不为过。村庄因一人而兴，因一人而大，因一人而美，这是何等荣耀！钟腾村在黄国梁时达到一个空前的鼎盛。榜眼府和余庆楼，无疑是黄国梁在宗亲们眼中最耀眼的光环写实。把大楼设计成铜钱形制，使两座府宅的大门朝北，或许包含着宗亲们对皇恩浩荡的另一份隐喻。

以此说来，黄国梁不仅是当地黄氏宗亲的一面旗帜，更是一面镜子，他让无数的后人看到一个底层贫苦百姓奋斗出来的锦绣前程，他激励了无数的后人。所以，榜眼府中才会有那么多的"举人""进士"和"博士"匾额高悬堂上，宛如村头他从京城带回的两株木笔树，年年盛放。

余庆楼是黄国梁投在这个村庄的最后一束光环。随着黄国梁的离世，村庄再无像样的大楼出现。查阅资料得悉，村庄这条古道还是明清时龙岩通往广州的一条古驿道，如今日渐湮没在芳草深处。走在这条古驿道上，回想当年热闹景象，迎面依稀有一人骑着高头大马被人簇拥而至，那是黄国梁踌躇满志的身影。其实黄国梁高中榜眼后一次也没回乡，且依清制他也不能回乡。然而，他却留下了府第和大楼，这是一个人的荣光，也是一个家族的奋斗史。

两百年的风雨一闪而过，黄国梁的名号却依然响亮。在其光芒映照下，当地对村庄古建进行一轮又一轮的系统梳理，榜眼府、朝阳楼、永平楼、余庆楼一一得到重新修缮，昔日风雨将倾的"一府三楼"再次焕发耀眼的荣光，昔日破旧不堪无人问津的小山村，也一跃成为中国传统村落、中国历史文化名村。余庆楼必将和榜眼府一样，在新一轮家园建设中重放光彩。

平和庄上大楼

庄上大楼位于平和县大溪镇庄上村，始建于清初，为三层单元式巨型土楼，占地面积约 3.46 万平方米，建筑面积约 9000 平方米。

　　庄上大楼依地势起伏而建，呈不规则方形，四角抹圆，有东西南北四个大门及一个小东门，门外均有水池，楼前还有一个半月形池塘。正面东墙长约 220 米，北墙长约 190 米，南墙长约 125 米，西面呈弧形，土楼周长达 700 多米。楼墙均用大块河卵石叠砌成 3—4 米基础，再在上端夯土建筑。外环楼高三层（局部因地势仅二层），共有 147 个单元。楼内均用青砖干砌各间门户，属全封闭单元式，唯有三楼设有通廊贯通。院内共有四座祠堂、四口水井和几排土房，并环绕着一座约 9 米高的小山丘。其中，叶氏四房总祠保存最为完好，正面宽约 18 米，深约 26 米。宗祠的前厅、大堂的梁架均彩绘透雕，惟妙惟肖，别具一格。此外，各楼的楼墙都设有密集的窗口和枪眼，为安全防卫提供了基本保障。该楼曾先后经历两次大地震、一次特大洪灾而安然无恙。

　　自始建至今，庄上大楼未经大规模修葺，基本保持了明末清初的建筑风格。楼内社会生活所需的公共设施一应俱全，已形成完整的传统农家村落，是福建面积最大的土楼。该楼于 2006 年被公布为全国重点文物保护单位。

# 庄上，庄上

黄荣才

　　庄上村的重头戏，无疑就是庄上大楼，就像在一群人当中，壮汉总是容易引人注意。

　　一座房屋无论以何种方式出现，能够被称得上城，肯定足够的恢宏和厚重。庄上大楼横亘在大溪镇庄上村，平和地接受惊叹的目光和感慨的言语，颇有点宠辱不惊的王者风范。当我站在庄上大楼中的山上，来不及感叹土楼中有山的非同寻常，就被目光所及的庄上大楼的气势给镇住了。大楼前端为方形，转角抹圆，西南北三侧依山而建，层层叠筑，自东向西略成弧形，楼高三层，约9米高。知道这座土楼周长700多米，占地面积3.46万平方米，建筑总面积约9000平方米，楼内均用青砖干砌各间门户，有147个单元，最高峰时居住1800人。可以想象，1800人，就是一个村庄了，可以演绎许多熙熙攘攘的故事，而这个村庄，仅仅是一座土楼。如今在土楼里，依然居住着不少人家，居民走动、

远眺庄上大楼 / 曾俊勇 摄

小孩嬉戏、老人咳嗽等声音，把庄上大楼的空间充盈得热闹非凡。人气，让庄上的生命依然有着一种鲜活，少了一些土楼残垣的颓败和冷清，土楼也就明白，有些东西不是靠外在的架子能够挽回颜面的。

寻根溯源总是无法避免。300 多年对于漫长历史来说也许显得短暂，但对于一座房子就有了老去的沧桑。清顺治至康熙年间只是个时间的概念，闪烁在庄上大楼里的那个人影——叶冲汉，却清晰而富有生气。叶冲汉当年加入发源于平和大溪的"天地会"，与郑成功部将张耍 ( 又名万礼 ) 结拜，这不仅仅是一次友谊的提升或者关系的巩固，更是一种机会的夯筑。张耍率部众数千人投奔郑成功后，屡建战功，被命统管闽南各县，成为当时的风云人物，可谓权倾一方。当时官税很重，因有私人关系，张耍特别允许叶冲汉耕田免交田租，并任他为收租特派员。也许对于张耍来说，这不过是利用职权表现一下自己"讲义气重感情"，甚至是云淡风轻的顺水人情，而对于叶冲汉，却是等来了发家致富的机会。当时许多佃农交不起沉重的官税，有了权力的撑腰和巨额的利润空间，叶冲汉捕捉住机会，出了一份告示：若佃农将田归我，一担给五块白银。

大楼外景/黄荣才 摄

田归还佃农耕作，收三石谷，佃农得二石，一石交田租，当面立田契。告示一出，远近佃农纷纷将田卖给叶冲汉，换回田契。于是，大溪境内的良田大部分归叶冲汉所有。田多钱就多，叶冲汉顺利完成了资本积累，有了钱就开始筹建庄上大楼。

如今在庄上大楼，还有当年演练场的痕迹，尽管岁月冲淡了许多色彩，但在老人的指点之下，依稀可以想象当年的刀光剑影，兵丁齐走踢踏扬起的尘土厚厚沉积，荒芜了当年的小径。天地会是个隐藏了太多秘密的组织，发源地高隐寺离庄上大楼不太远，关键是天地会的气息已经延伸弥漫到庄上大楼，可以想象，当年天地会的身影在庄上大楼来来往往的时候，那是怎样的一种神秘和惊心动魄。山包上荒草被铲除了，场地成为钩沉往事的媒介，在圈定的范围被指点叙说。那些河卵石上的沉积土层被剔除之后，露出河卵石当年的面貌，山包之下依然有当年十七担白银的说法让其弥漫着神秘的色彩和气息，掩盖之下究竟留存什么无人能够说得清楚。不过无须遗憾，神秘更有吸引力，能够说得一清二楚也就无所谓内幕和谜团了。山坡之上，可以看到周边郁郁葱葱的果

水边的庄上大楼 / 李淑芬 摄

林，翠绿柔和了目光，让土楼多了许多生气，少了一点厚重的呆滞和刻板。土楼的正面有常年积水的月形大池塘，楼对面的灵通山掩映在水里，让水阳刚，让山妩媚，整座土楼有了波光粼粼的灵性，土楼和灵通山相映成景。庄上大楼原来的设计呈葫芦形，整体就像是一个巨大无比的葫芦，原旧寨楼为葫芦顶，上弧下方依山而建，左右配建两座土楼"漕涧楼"和"恒升楼"，作为葫芦耳；如果在高处看，也许就有了提起这两个葫芦耳端的冲动。除此之外，再建了一座连体楼"岳钟楼"，岳钟楼没有北墙，它直接依靠在庄上大楼的南墙外，成为小楼依大楼的独特景观。庄上大楼依山而建，楼中有山，楼外有楼。所有这些在福建土楼史上绝无仅有，出类拔萃。

庄上大楼也不仅仅是简单的大而已，随便走进任一住户，其三楼通廊相通，属单元式与通廊式相结合的典型土楼民居建筑。大楼坐西向东，开五门，东为"紫阳迎曦"，北为"北阙承恩"。有宗祠四座，水井四口，另有"葆真斋""毓秀堂""半天寮"和宫庙等公用建筑设施，公用设施齐全，直到现在仍可使用。

水井的水依然清凉可口，掬一捧入口，沉静平和顺喉而下，收获的岂止是清凉。从这些众多的建筑，可以想象当年土楼的热闹，尽管许多东西已经消失在烟尘之外，但那张满蜘蛛网的葆真斋、毓秀堂，仿佛还传出土楼子弟的朗朗书声，还有私塾先生的咳嗽声，历史的沧桑从窗棂弥漫而出。

　　行走在土楼的各个角落，可以看到为数不少的石木雕刻。石雕以高浮雕为主，木刻以立体镂空透雕为主，从墙角或者哪个角落，泛出历史的幽光，闪烁艺术的光芒，吸引了识货的目光；只是，有多少故事为人所知，又有多少故事随风而去。面对几座旗杆，永思堂静默无语，推开那厚重的木门，才发现那不仅仅是座祠堂，更可堪称"民间艺术小博物馆"。其门廊梁架穿斗，彩绘透雕，惟妙惟肖，栩栩如生，"太平景象"别具一格；前墙砖雕窗花"龙凤呈祥""双龙戏珠""双凤比翼"等，更是其他土楼少见的艺术品。看来这叶冲汉不仅仅是往里砸钱，还讲究文化的品位。唯有品位，唯有文化，才让这房子有历史，有底蕴，否则，房子再漂亮，也只是金钱的叠加而已。永思堂中布局合理，前

厅、天井、通廊、大堂错落有致，别具特色；前厅与大堂梁架，彩绘透雕，金碧辉煌，就是那石柱也不是常见的圆形或者方形，而是梭形，隐含了许多玄机和说法。可以想象，这永思堂当年是土楼里最高的议事机构，也是家族凝聚力的核心区，有多少事关土楼、事关家族的决定从这里做出，有多少添丁的喜悦在这里弥漫，也有不少为故去者的眼泪在这里流淌。生老病死，永思堂是只眼。

小径复原了，尽管太过于干净而少了些历史的尘垢和气味，但行走之时，依然回荡着当年岁月的声音。顺手推开一间小屋，居然就是土楼当年保留完整的房间，房门不高，高个子很容易就碰着上檐，狭窄的门后则是别有洞天的一个世界。当年的人已经不在了，后人指指点点的猜测和讨论没有多少意义，就如同威仪天下的王者不屑与庶民讨论争吵。庄上大楼就如此以王者宠辱不惊的风范站立在自己的位置，让风吹过，让云飘过。

大楼内的永思堂 / 黄振文 摄

龙见楼位于平和县九峰镇黄田村溪坝自然村，由曾氏族人始建于清康熙二十年（1681年），为同心三环圆形土楼，坐北朝南，外径80多米。

龙见楼外环高三层，中环厝和内环厝均为单层，青砖面墙。环周分隔为46个独户单元，互不相通，呈窄长扇形。前入口面宽约2.2米，总进深约22米，依次由内环门房、前天井、中环厝（前厅为会客厅，后厅连走廊辟为厨房）、走廊及大天井、外环楼（底层前部为餐厅，后部为楼梯和卧室）组成。各单元均从内院入户，各设自用楼梯，因此私密性强。因为龙见楼将其他功能房间都设在环楼之中，并未在院落内建有任何房屋，所以楼内保留了一块圆形大天井，直径约34米，面积达900多平方米，十分空旷开阔。这让楼内居民既可以在收获时节用来曝晒稻谷，也可以在农闲时间自由活动，同时也有利于楼内各家各户通风采光。

龙见楼防御功能十分突出，外墙石砌墙基，夯土墙身，一、二层只开前窗，第三层开前后窗。全楼只设有一道大门，且大门四周用花岗岩垒砌，门上设防火水柜。该楼保存完好，形体巨大，是现存最大的单元式圆形土楼之一，至今仍有近百名住户在此聚族而居。该楼于2018年被列入省级文物保护单位。

链　接：

黄田土楼群：由咏春楼、联辉楼、聚顺堂、龙见楼、衍庆楼五座土楼组成，建造年代从清康熙年间（1662—1722年）延续至清后期，由黄田曾氏族人合力兴建而成。其中规模最大的为龙见楼。

# 依山傍水势如龙

*罗龙海*

环绕村庄的清清溪流恍如玉带，村外独木成林的古榕撑起宽阔的绿荫，村内鹅卵石巷道串联相通，古香古色的土楼宗祠穿越古今，传统村落黄田村的古典之美处处可见。美得细致精巧者如八卦井，美得粗犷大气者如龙见楼，它们相映成趣，相得益彰。

龙见楼，位于平和县九峰镇黄田村的溪坝自然村。大楼犹如一只香炉，三面环溪，右边是大龙山，后边是下坑岩的清水庙，前面是旧县城八景之一"笔山侵汉"的双塔山，据说是一块建阳宅的风水宝地。龙见楼因楼围大，居住的人众多，当地人俗称为"大楼"。

俯瞰黄田村／杨诚彬 摄

"龙"现龙见楼 / 朱松林 摄

说龙见楼"粗犷大气",是因为它是一座特大型的生土圆楼。有关专家经过考证指出,它比芦溪镇丰作厥宁楼77米楼外径还大好几米,其他圆形土楼直径大小排在前几位的依次是诏安在田楼、南靖顺裕楼、华安二宜楼。

在黄田村,人们习惯于先参观当地另一座名气响亮的咏春楼,再接着参观龙见楼,将二者相互比较,以便对黄田的土楼有一个立体感性的认知。

咏春楼建于清乾隆庚寅年(1770年),土楼正面直角,后面圆形,建筑面积2620平方米。楼高12.20米,分三层,墙体基部是鹅卵石,上部是生土夯成,体量比龙见楼小很多。咏春楼大门外照壁、水池,一般土楼应有的元素保存齐全,可以说是标准的官方版土楼。之所以说是官方版土楼,个中原因很简单,咏春楼的主人是一个享有鼎鼎大名的清朝官员——"廉政公"曾萼,土楼落成后给楼题写匾额的是当时的福建按察使谭尚忠。

从建筑时间来看,咏春楼属于"小弟辈",因为龙见楼建于康熙辛酉年(1681年),比咏春楼早了89年,整整相距有四代人的光阴。咏春楼的建筑是曾萼一人之功,而龙见楼不同,它是众人拾柴火焰高、凝聚着集体力量的一座生土圆楼。龙见楼独立于一块空地上,周边没有其他楼房遮挡。

龙见楼是由时为康熙辛酉岁贡寿宁县教谕曾逢时倡议集资兴建的,直径达80多米,占地6000多平方米,楼内圆埕直径约34米,面积900多平方米。圆楼内空间层次分明,全楼由一个大门出入,中心是一个公共活动的大内院,不设祖祠。为何不设祖祠呢?一个粗浅的原因是,集资兴建时人员构成复杂,虽然都是曾姓,但是分属不同房系,简而言之就是祖宗不是同一个。

龙见楼中央活动空间非常宽敞,站在中心点大声说话会产生明显的回声效果。据说上世纪六七十年代,生产队开会时,小队长经常就站在中心点上大声讲话,布置任务,楼内住户虽然各自坐在家里,但都能听得一清二楚。在土楼申报文物保护单位期间,有民间艺术家专程赶到这里,举办露天演唱会,纷纷

惊喜于楼内奇异的回声效应。只是土楼内宽敞的大埕，在上世纪分田到户时，大家为了晒谷子的需要，将所有的鹅卵石地面浇筑成水泥地面，削弱了土楼的整体美感。

院内偏南边有一口公用水井。除了这一口三孔水井外，整个楼埕再没其他建筑。三孔井台已经被岁月磨洗得溜光圆滑。三孔的设计，尽显古代建设者方便多人同时取水与人身安全的双重智慧。从古代建筑风水学上考虑，井台的三孔寓意着天地人，代表着天地人和谐之意。

土楼的排水管道明显大了一些，据说这些管道设有暗道通往楼外，平时是下水道，被匪患围困时则可从暗道逃出。全楼防卫构造独具特色。大门门洞全用花岗岩石建筑，门楣上设有水柜，门板特厚，异常坚固。外楼墙脚砌石，墙身夯土，往上逐层收分，楼底墙宽2米，高三层，12.6米。

站在三层楼上凭窗望远，龙见楼的大气与霸气尽收眼底。族人传说，楼墙宽得可以摆上八仙桌，四人围桌饮酒还有余地；若用一根面线围绕大楼一圈，再用这根面线煮成面食，几个后生子也吃不完。

内埕骑车的少年 / 黄振文 摄

　　楼内房屋共有 54 开间，这个数字同样也是当时土楼建筑设计一个别有意味的地方，既说明了楼内大家来自不同房系，是一个团结的大家庭，也预示着大家成家立业可以走向五湖四海，都有一个美好前程。

　　各个开间采用单元式设计，每个单元自成体系，有各自的出入口和楼梯上下。每间房屋后墙宽 4.86 米，前墙宽 1.84 米，周长 23 米。各单元房间布局独具一格：三落两天井，进入每单元有各自的小门楼、小天井，门厅前是会客厅，第二门进入后依次是厨房、大天井、过廊，进入第三落则是主楼，主楼门前是餐厅，门内是卧室，隔墙开有小窗。尽管只有三楼对外开窗，但是客厅、餐厅、卧室的光线都很好。二、三层内环设有窄窄的走廊，门窗开则可晾晒衣服，门窗关则成环楼相通的走廊，可谓别具匠心。

　　从圆楼外走进中心大院，再到各自小单元内，这是对人们聚族而居生活不同要求的满足，是一个私密性较强的空间。现代建筑师追求的私密性居住要求在古老的龙见楼得到完美的体现。

　　在黄田村，如果你只是以一个外来者独自行走，是体会不到土楼的灵魂的。

最好的办法就是找到土楼的原住户，听听他们发自内心的感叹，才能感知土楼给人们带来的恩惠。很荣幸，我们在龙见楼遇见了八句老人曾庆兴。

曾庆兴老人原来也住在龙见楼。据他介绍，龙见楼曾历经几次劫难。其一是清同治三年（1864年）武进士曾金榜招惹了太平军而被烧。据族人传说，当年某月有一队人马从九峰上坪匆匆经过，河对岸这边的人以为又是土匪来袭，赶紧飞报武进士曾金榜，曾金榜未经仔细辨认，立即组织人马准备抵御，他率先张弓搭箭，一箭射落队伍中的首领。未曾想对方竟然是太平军溃退的队伍，结果是龙见楼一度被围，毁坏颇多。其二是1927年10月土地革命斗争中再一次毁于战火。

大楼历经损毁，却屡次修复，足见楼内各家各户的齐心与团结，这在其他土楼历史上可不多见。如今龙见楼更是遇上好时代，所有缺损之处已经悉心修补到位，大楼的壮观得到远近游客的一致首肯和关注，在手机、电脑等传媒平台上随意点击搜索，都可以看到龙见楼雄壮的身姿。

从土楼内走出来，仰头再看一眼龙见楼的楼匾，不仅心生疑窦：龙见楼，龙在何方？难不成就是邻近的大龙山？除了这个，当地人还有一个传说：大楼落成之际，当朝有位太子刚好前来造访时为县城的九峰城，所以取名"龙见楼"。

距正大门十几米处的水沟边，有一块石头略微凸起，虽不起眼，却暗藏玄妙，听说它是整座楼一年四季没有蚊子的"机关"所在，因为它是一块"蝙蝠石"。众所周知，蝙蝠专门吃蚊子，那是这只蝙蝠吃光了所有的蚊子，还是蚊子被吓得不敢前来？更何况，龙见楼所处的地理位置也是一块"蝙蝠地"。

走到远处，回望龙见楼，它依山傍水，高大威武，宛若游龙盘桓于黄田大地。《周易·乾卦》说"见龙在田，利见大人"，《左传》注说"龙见，苍龙……见东方，万物始盛"。龙见楼，曾氏先祖当初这样的命名，是否即寄寓着子孙昌盛腾达的某种愿望？

漳浦锦江楼

锦江楼位于漳浦县深土镇锦东村,由双环内通廊式圆楼外加一环楼包组成,形如环环相套的巨大碉楼。

内环楼于清乾隆五十六年(1791年)由林升泽建造,楼门匾书"锦江楼",左右落款"乾隆辛亥年""端月谷旦置"。外径25米,高三层,其中门楼高四层。第四层俗称"燕子尾",正对大海的方向,作瞭望之用。墙基为石筑,墙体由三合土和条石混合夯筑,厚约0.5米。一、二层各12开间,正北间作为祖堂,木柱接方石柱承重,二楼为木构架内向通廊,三楼全圈无隔间。外环楼是嘉庆八年(1803年)由林升泽的妻子李灿所续建,门匾书有"安澜著庆",左右落款"嘉庆癸亥年""端月谷旦置",外径42米,高二层,其中门楼高三层,顶层作瞭望室。环周分成7单元24开间。内外两环的墙顶外沿均建女墙,女墙与屋面之间内设一圈跑马道供防御之用,能够变换不同角度向敌人反击。内环中央有一口水井,可让楼内居民长期据守。楼门前留有宽约16米的通道,两侧建外围楼包,外径约58米,为双坡顶平房,隔成36开间。

锦江楼木构件选材严谨,并没有过多装饰,反映出注重实用的建造目的。楼前不远即是大海,因此建造这座形似炮楼的建筑主要是为了抵御倭寇和海盗,该楼也是闽南多环圆形土楼最著名的代表之一。2001年被列为省级文物保护单位,2006年被公布为全国重点文物保护单位。

# 浯江之畔锦江楼

洪锦城

初次邂逅国保文物锦江楼，是在几年前一个春光明媚的上午。

春天是最好的会期。我有一位久违的朋友，他邀我前去做客。他家住在福建漳浦旧镇霞屿村，郑姓。"我们这里是闽南沿海小渔村，好玩的去处虽不多，但浯江对面有一个林姓聚居地，叫锦东村，那里坐落着一个古老的城堡，倒是颇有些历史典故，明日我带你过江去看看。"朋友如是说。

第二日，我们起了个大早，简单吃过饭，便一同出发。因为过江没有桥，须坐渡船过去。于是，一位老船工将竹篙往岸边石头用力一点，我们便迎着新春灿烂的朝阳出发了。坐在船上放眼四望，开阔的平野之上，到处是青青一片，唯有浯江流水潺潺，波澜不惊，如一条洗净的白练，静静飘向不远处的海湾。

在船上，老船工猜中我们要去拜谒锦江楼，便侃侃谈论起来。相传在很久

锦江楼外景／李淑芬 摄

165

锦江楼：大地标靶 / 万伟文 摄

很久以前，锦东村所在地曾是一座小岛屿，因为位于浯江溪汇入旧镇湾的入海口，当地渔人称之为江头。那时候，江头尚无人长久居住，但往来穿梭于浯江与旧镇湾的大小渔舟络绎不绝，那些从事海上贸易的船主，白天偶尔落脚于此，作短暂的停歇。大约距今450年前的明嘉靖年间，漳浦旧镇乌石林氏第九世孙林黻因看到江头之地利，遂率子侄前往垦荒拓土，天长日久，繁衍生息，于是一个新的村社就诞生了。

"到了清朝初年，由于实行海禁，开始了长达20年的'迁界'，江头成为界外之地，居民被强制内迁。无奈之下，江头林氏遂重归于乌石祖籍地。"老船工真是一名老掌故，他边划动舟楫边接着说。不过在清康熙年间，由于当时政治发生重大转变，皇帝下令"复界"，林氏得以重新迁回江头。而这一次回去，恰为后面锦江楼的建设打下了最重要的历史铺垫。大约距今200年前，至林黻之后第七世，即乌石林氏第十六世，江头林氏一度人丁兴旺，繁衍至上百人。其中族人之中有一从事肩挑小贩者，名为林升泽，就是他后来建造了锦江楼，成为了现在当地林氏后人共同敬拜的"楼祖"。

春风拂面，青草芳香，老船工追溯那些尘封之事，兴味正浓。可惜约莫一刻钟的工夫，船已靠岸，我们很快抵达锦东村的地界。不到半个小时的行程，我们便进入一个宁静的小渔村。村子一半是崭新的小洋楼，一半是陈旧的老瓦房。跟随朋友拐入一条旧时小巷，折过几

安澜著庆

林先生置

外环正门及大埕／邱耀斌 摄

座仍旧保存完好的闽南燕尾脊古厝，在一块宽阔的红砖埕场地上，一座古老的城堡豁然挺立在我们的眼前,这就是闻名遐迩的闽南土楼建筑奇葩——锦江楼。

"锦江楼，又称江头楼，距离漳浦县城27公里多。始建于清乾隆五十六年（1791年），至今已有200多年的历史。楼呈三圈圆形，内圈为林升泽于清乾隆五十六年始建，中圈由其妻李灿于清嘉庆八年（1803年）续建，外圈由其子孙续建，总面积3000平方米。"住在锦江楼里的林振德老人是"楼祖"林升泽的第七世孙，他生于楼内，长于楼内，如今还与楼厮守着，没有人比他更了解这座古老的城堡，哪怕是一砖一瓦，哪怕是一石一木。

老人慈祥和蔼，每当游客前来拜访，他总会乐意地当起免费导游，然后极其认真、详细地给大家介绍："楼内圈直径25米，高三层，主楼四层，内均分成12间，每间深5米。楼门石构二层，上有石匾，刻'锦江楼'及'乾隆辛亥年，端月谷旦置'。楼中有一口井。中圈平面直径42米，高二层，共隔为 24 间，每间深 4 米，内向雨棚多数改为厨房。外圈平面直径 58 米，均为平房，隔为 36 间。楼大门前铺设砖埕，埕前 50 米建一戏台。锦江楼保存完好，全楼共有 120 多间房子，鼎盛时期曾居住林氏家族 400 多人。该楼曾作为电影《阴阳界》《欢乐英雄》的主要外景拍摄地。"对于那些繁杂的数据，他已经念过成千上万遍，没有人比他记得更牢靠。

老人说，锦江楼不同于其他地方的土楼，它外低内高，是一座防盗防匪防地震的古民居建筑，这种独特的建筑形式有着极高的历史价值、科学价值和艺术价值。我们从老人的眼神里读出了一种特殊的情愫——他对祖先留下的这个宝贝是如此的钟爱，或者不只是源于他对锦江楼的依恋，更因它代表着江头林氏家族曾经辉煌一时的全部荣耀吧。

内环大门/邱耀斌 摄

作为锦江楼之创建始祖，林升泽一生秉性尚义，勤劳俭朴，他留下的那些传奇故事，仿佛是永远咀嚼不烂的果子，在林氏族人的口中反反复复被讲述了一遍又一遍。

林振德老人告诉我们，他的祖先林升泽原本世代务农，父亲早逝，由他和两个弟弟侍奉着母亲。祸不单行，不久，他的两个弟弟也相继病逝，全家仅依靠他一人扶持。所幸后来他娶了一位十分勤劳贤惠的妻子。妻子善养

俯瞰内环 / 李淑芬 摄

鸡，林升泽便当起了鸡贩子。有一回，他往街圩去卖鸡时捡到一块布匹，布匹里有重要货单，他就每天都带着布匹出去卖鸡，以便寻找失主。后来一个叫戴敬的失主前来认领。戴敬是漳州城区的有钱人，他感念林升泽之恩义，又了解其家境贫寒，便帮助林升泽改行做漳州"水客"，运载江头的海产经浯江出旧镇湾，然后北上漳州销售，再运漳州的货物返回，由此获得重利。

当时林升泽正当年轻，又长得身高力大，挑的货总是比别人多。他在漳州城买了一把如意的"番仔"扁担，挑二三百斤的货物上九龙岭如履平地，因而与同行相比他获利加倍。后来，随着生意越做越大，他干脆雇佣工人，长期从事贩运。日积月累，林升泽的家境逐渐宽裕起来。不过，当时地方并不平静，匪寇经常骚扰，考虑到林氏族人的安全，林升泽很想建一座城堡来保护大家。但建城堡所需经费颇多，以他当时的经济实力谈何容易！

为了完成建楼宏愿，林升泽带领家人又经过了多年拼搏，到 62 岁时，终于如愿以偿。他以村中一口古井为圆心，以石块为基础，用三合土夯筑起牢固的城堡内圈。因他于江头发迹，遂取名为"锦江楼"。后来，江头这个地名亦

由此更名为"锦江村"。再以后，世事沧桑，历史上的锦江村与附近东埔村合编为一，而复更名为"锦东村"。

"真是太神奇了！"瞻仰着古老的城堡，我们仿佛看见了那位贩者肩挑重担行走于崎岖山岭之中的身影，那身影如此高大如此坚定；抚摸着斑驳的城墙，我们又仿佛听见了当年缔造者与族人一同打夯发出的浑厚响亮的吆喝声，那声音随同三合土散发出的奇异芳香一同飘飞着。而在踏上每一层木梯，看到每一

间古色古香的楼阁时，我们可以想象到，在那些遥远的岁月里，林氏家族聚集在一起，他们和睦相处，惺惺相惜，生活会是怎样的舒坦、融洽！

在回来的路上，我想：林升泽注定是不平凡的，他以惊人的智慧和毅力，建构了一个不平凡的世界，在林氏族人心中竖立起了一座不朽的丰碑，成了如今锦东林氏族人永恒的骄傲。作为不屈不挠的开创者和缔造者，林氏一生矢志不渝的奋斗精神必将引领着一代又一代后人继续前进……

锦江楼内景 / 李淑芬 摄

安溪崇墉永峙楼

崇墉永峙楼位于安溪县感德镇龙通村中洋，俗称"龙通土楼"。由许氏族人建于清康熙年间（1662—1722年），坐东朝西，平面呈正方形，边长约29米，占地面积1000多平方米，建筑面积近2000平方米。

　　崇墉永峙楼外墙石基厚约2.3米，夯土墙厚约2米，楼高三层，共有72间房。大门用板条石弯拱而成，以粗长厚重的木条作门闩，十分坚固，门额题写"崇墉永峙"。入门洞靠南侧楼墙有一条宽约1米的石阶通往二楼。前楼面阔七间，进深五柱，一层为门厅，中设插屏门。天井为河卵石地面，两层台坪，落差三级台阶。两侧边楼各面阔三间，进深五柱，底层后次间建八级台阶上后楼台坪。后楼呈"凹"字形，两侧各伸出一间与边楼相接。后楼面阔五间，进深六柱。全楼三层有一条1米多宽的跑马道绕楼一圈，四面土墙上开有窗户、瞭望口和射击孔等。楼内廊道间的双层木窗设计十分巧妙，每一层上面都附有筛孔，拉开时能通风透光，合拢时能阻绝寒风。在楼的右侧前方还有一大片闽南古厝，名为"芹前厝"，是崇墉永峙楼建造者之子兴建的。清代以来，许氏族人利用坚固的土楼多次与匪寇对抗周旋，成功确保了族群的安居繁衍。

　　崇墉永峙楼是闽南安溪地区的代表性土楼，也是安溪地区唯一一座方形土楼。该楼于2013年被列入省级文物保护单位。

# 崇墉永峙 积厚流光

吴奋勇

## 一

巍巍莲花峰，清清山泉涌。山水交响，田畴沃野，茶香人家，安和康宁。有一个小山村就在这青山绿水间，生机勃勃。它是一个朴素的村庄，和其他山中的村落一样并没有出类拔萃之处，普通得可以随时忘记，但总又常常被人提起。为什么呢？

因为村中耸立着一座土楼。这座土楼方方正正，俗称"方形土楼"，将神奇的大地撑高。翻开史志，没有关于它的详细记载；打开族谱，只有简单的记

俯瞰崇墉永峙楼 / 黄婷婷 摄

175

录。但在代代口口相传中，滔滔不绝，更显土楼的神秘。这个小山村的名字叫龙通，不知道什么时候起，就直接把这气势宏伟的建筑叫作"龙通土楼"。这个名字想象起来就很大气，很有泥土的气息，把人们的想象和希望连在一起。

正如此时我站在北山坡，浮想联翩。看天边的云卷云舒，望乡村的静美，望着它像一个玉玺稳稳当当地印在大地上，熠熠生辉。

土楼老了，却依然彰显出其特殊的魅力。也许世界上所有有模有样的建筑，都有封存后解冻的机遇。"养在深闺人未识"，无限故事流光溢彩。

## 二

安溪是乌龙茶铁观音的故乡，自然条件优越，产茶历史悠久，茶叶品质优良，驰名中外。据《安溪县志》记载，安溪产茶始于唐末，兴于明清，盛于当代，至今已有一千多年的历史，自古就有"龙凤名区""闽南茶都"之美誉。地处安溪西北部的感德镇龙通村，龙通的名字是从闽南语"林东"雅化而来，和永春县毗邻。这里属于丘陵地貌，红壤丰富，海拔适中，森林资源丰富，生态良好，得天独厚，非常适宜种茶。800多年前，龙通许氏先人筚路蓝缕，从闽中尤溪南迁，开宗

崇墉永峙楼外景 / 黄婷婷 摄

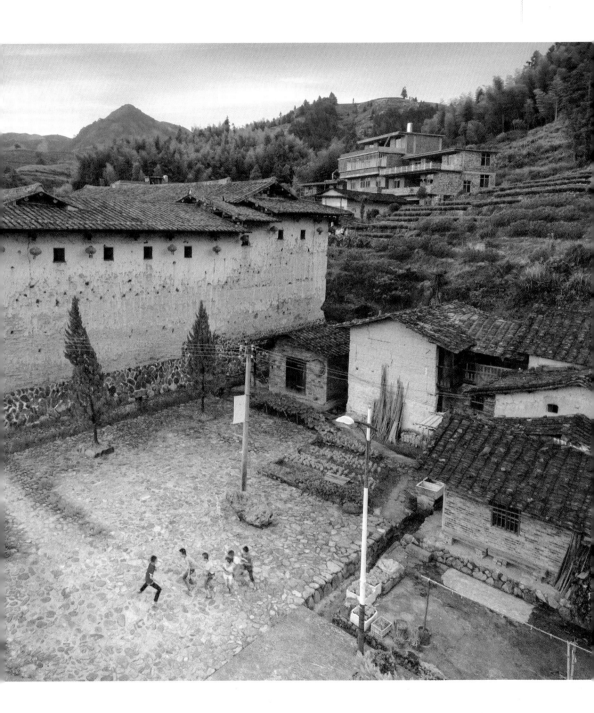

繁衍，生生不息。他们除了男耕女织，还走南闯北，交游经商。许氏第十二世公许崇贾，号敦渠，经常外出，过村进店有吃茶的习惯，一个偶然的机会，带回铁观音茶树，精心培植，年年扩张，最多时有50多亩。随着茶园的扩张，龙通许氏家族的收入也随之增加，渐渐积累了丰厚资产。第十四代许尔阶，字延陛，号奏一，继承了祖传的事业，更是生意发达，如日中天。此时许氏已富过几代。公元1644年，当时时局不稳，为了抗击土匪，保护乡民，年轻力壮的许尔阶召集族人，动工建设土楼。

土楼后面的小山从远处绵延而来，面前是一条发自玉门尖的小溪，流水潺潺。远看土楼，它像一座古堡，高11米，外观呈正方形，边长29米。外墙灰白色，地基部分是形状不规则的褐色石头，似乎是随意堆砌而成，而实际上石石相错，

土楼前座 / 吴承接 摄

牢固坚挺。屋顶是黑砖青瓦。土楼有两个门。正面中间的大门是拱形门，由长方形的青色花岗岩做成，拱形上方立着一块石头匾额，题写着"崇墉永峙"的正楷字，每个字有30厘米大，遒劲有力，排列整齐，疏密有序。右边有小字"甲申年"，左边是"瓜月立"。"崇墉" 是高墙高城的意思，东汉王延寿《鲁灵光殿赋》中有诗句"崇墉冈连以岭属，朱阙岩岩而双立"。龙通土楼取名"崇墉永峙"，就是希望这

土楼后座 / 吴承接 摄

座高大的土楼永远屹立在大地之上，足见当时建造者的胸怀。右侧有一个较小的拱形门，和正门基本一致，拱形门上方挂着崭新的"龙通家风家教学堂"横匾。土楼外墙石基厚约2.3米，土墙厚近2米，坚固异常。

　　进入土楼，首先看到的是宽敞的天井，天井中有一口圆井，井水清澈见底，蓝天也被请到里面去了。一楼建有粮仓、厨房等各式功能区。抬头即看到斑驳的墙体和二楼三楼变色的木质走廊。土楼整体是楼阁式。大门边靠墙有一条陡峭的1米多宽的石阶，下堂左右两边有木板楼梯。沿着楼梯登上三楼，但见一条1米多宽的跑马道环绕土楼。四周的屋檐下，正面各有6个瞭望窗口，两侧各有7个，这种正方形小窗户，可用于瞭望和防卫射击。此外，周围还有数不清的用竹筒做成的射击孔，安放的角度各异。土楼占地面积1000多平方米，建筑面积有近2000平方米，有72个房间和一个大厅，内围的环形走廊东南西北四个方向各有一个长方形的窗户。凭栏，周围的一切一目了然，抬头可见遥

屋檐一角/许建飞 摄

远广阔的天空，有鸟飞过，留下美妙的歌声。

三

据龙通许氏家谱记载，土楼建设经几十年筹备，历经八年才建成。我们现在很难猜想古代人不可思议的力量和智慧。许多专家学者前来考察，也都拍案称奇，建设如此规模宏大的建筑，就算在现代交通便利的情况下，也很费劲，而且需要大量资金，而在当时的条件下是怎么建成的呢？如今我们已经无从查考。但在当地至今还流传着许多动人的故事。

故事一：遵循古训，勤俭持家的土楼公。许尔阶年少时四处经商，走南闯北并经营茶叶，积累了丰厚资产。许家虽不惜花万金建设土楼，但家人在生活上还是本着勤俭的精神能省则省，不肯多花一文钱。据传有一次许尔阶外出办事，买米团充饥，以盐巴拌米团吃，又怕别人见笑，就以长袖遮掩着吃。许家在生活上总是节衣缩食，把好吃的食物留下来待客。建筑一座如此庞大的土楼，动用的人力财力物力是相当巨大的，许氏一家人心里十分清楚，他们只有一边招工兴建土楼，一边管理种田收租，一边继续经商做生意，将许氏世代祖业发扬光大，开源节流，省吃俭用，才能将积累下来的全部投入土楼建设之中。

故事二：和睦乡邻的土楼嬷。许尔阶的夫人李氏，是本村莲山角落人。李氏的父亲也很富有，为了建土楼，土楼嬷向其父亲恳求帮助，其父开两个粮仓供给土楼嬷使用，给建筑工人提供粮食保证。但是土楼落成后，她的父亲见到如此雄伟的工程，心里担忧以后李氏子孙会遭受许氏后人的欺负，常望楼兴叹。土楼嬷看出父亲的心思，想到李家对工程的大力支持，就跪地向天发誓：子子孙孙不欺负莲山人，亲人永远和睦相处。从此，龙通许、李两姓如同一家。土楼建造工序繁多，用工数量也惊人，整个建楼过程中需要夯工、挑土工、砌石匠等多种工匠。工匠成批来又成批去，不停地轮换，施工设计的匠师人数还好统计，帮忙搬运建筑材料的小工就比较难统计了。但是土楼嬷对前来帮工的乡邻，即便是搬一块小石头的，都会给盛上一碗米饭。她的做法得到村民的一致好评，乃至全村男女老幼都自觉出动，终于使浩大的土楼工程得以顺利完成。土楼嬷对待匠师更是热情大方，土楼建成后，匠师为答谢主人，连工具都不愿带走，留下来作修缮之用。土楼嬷的故事，几百年来，成为龙通人教育后代为人处世的范例。

此外，还有关于全村合力利用土楼抵御外侵的故事等。这些民间口头传说故事，虽然没有留下文字记录，但已被刻在这座土楼的历史深处，作为许氏世代传承的文化传统，和土楼一样熠熠生辉，鞭策着后人。

## 四

先人高远，重资建楼，庇护乡里，百年传馨。随着最后一户后人的搬出，土楼再也无人居住，历经300多年的土楼成为"空壳楼"，再也没有飘起冉冉的炊烟。但，土楼并未闲置，人们一直都对它呵护有加，特别是近年来，更是修葺一新，四周的茶园郁郁葱葱，门前的小路铺上石头，沟壑整洁，绿树婆娑。土楼里设有品茶室和农民书屋，是乡民们议事讲古的最佳场所。2018年又在楼中建成了"龙通家风家教学堂"，一场又一场的学习交流，吸引着人们纷至

沓来。如今，人们还在着手建设茶史馆、农耕文化馆、书画室和土楼历史馆等，进一步发掘其文化内涵和多种功能，使土楼在新时代散发着新的魅力。

300多年，沧海桑田，龙通土楼没有在岁月的潮流中被湮没。尽管墙体斑驳，青苔疯长，尽管四周还建设了新的楼房，但这方满满凝聚先人智慧和汗水的建筑依然保持着原先的模样，仿佛是一种无言的坚守。而如今有8个姓氏2000多人的龙通人，乘着乡村振兴战略的春风，正阔步向前。他们以土楼为中心，对周边百年古树与挂有"儒雅开宗"牌匾的老厝芹前厝及比土楼历史还悠久的显龙宫等进行整理修缮，一场建设新的美丽乡村运动，正如火如荼地展开。

深山藏瑰宝。每一种建筑都寄寓着某种情愫，传递着浓厚的民风民情，并世世代代传承着。岁月成过去，山川迥不同。土楼永峙，积厚流光。政通人和美，农家乐陶陶。龙通土楼，永远是龙通人心中的圣殿和依恋的家园。

崇墉永峙楼正面 / 林思宏 摄

德化厚德堡

厚德堡位于德化县水口镇祥光村,俗称"祥光土楼",由江开安始建于清道光十七年(1837年)。坐西朝东,平面为长方形,正面宽约40米,纵深约43米,依山坡错落而建,前低后高。

厚德堡墙基为毛石虎皮砌,其上夯筑朱红色土墙,高约5米。墙上设有40多个窗户,并配有精致的窗棂,既可以采光通风,又可以侦察敌情。一层堡墙实心,靠堡墙内壁左右各设一道楼梯上二层跑马楼,前跑马楼面阔十一间,左右翼各突出一座角楼。东南角楼为方形两层,为重檐歇山顶。东北角楼亦为两层,一层方形,二层六角形,为重檐攒尖顶。土堡设有两道石拱堡门,正门门额镌刻"厚德"二字,左右分别落款"道光丁酉年""阳春吉日书",字间还刻有一幅道教的"八卦双鱼"图,门道深约3.2米。正门上方的墙体上还绘有一幅长约10米、宽约0.5米的三国故事彩色壁画,虽经百年风雨侵蚀,至今依然鲜艳可见。门洞后是前院,天井南侧是边门楼,北侧是护厝,后侧是黄土夯垒的内院墙。进院门即为高低两级天井,两侧两层厢房依山势逐层抬升,一级天井厢房朝堡门方向为歇山顶,其他厢房为悬山顶。主座两层,歇山顶,面阔七间,进深七柱。后座两层,悬山顶,面阔七间,进深五柱。南面堡墙和护厝未建成,仅在前院南侧建一座边门楼。北侧护厝附建在堡墙上,高两层。

据说厚德堡内原有360间房,曲径通幽,堪称迷宫。该堡为德化山区的代表性土堡。2018年被列入省级文物保护单位。

# 厚德堡：德厚为堡

连江水

　　早就知道在德化东部水口镇有个村庄叫祥光，早就知道祥光村有座古香古色的大堡。隐约记得，深山古堡，好几落依山而起；青石、高墙、雕窗、黛瓦、飞檐，定格在遥远的时光里；堡身围墙上嵌红砖，红红火火，朱砂色般鲜艳，一座高耸的红角楼尤为醒目。

　　如果把祥光村比作小家碧玉，那么古堡恰似村庄不经意描上的眉心花钿。

　　古堡有个响亮的名字，名为"厚德"。公元1837年，江开安始建，历时十年始成。

　　江开安何许人也？据江氏谱志载："尚忠，峰高公长子，字开安，号恕斋，例增承德郎……生于乾隆五十八年（1793年）……"本地名人黄仁彰曾为其

厚德堡外景／张九强 摄

厚德堡侧面 / 涂玉荃 摄

志传："恕斋少时颖异超群，克承庭训，力学不厌……躬荷祖父，富有大业，虽家政浩繁，而犹有志上进。丁亥科遵例加捐贡生，补授分县……"然而，等到人已中年，也没能等来赴任一方。"达则兼济天下，穷则独善其身"，历来是读书人的终极理想，江开安没能在政治上有所作为，如此说来也算是失意，幸好他还坐拥丰厚家底，也算是失意之外的另一补偿。

那么这位"达不达""穷不穷"的读书人，在深山远村建筑了一座什么样的古堡？

远远看见，小山岭蜿蜒而来，立定之处，便是老旧的大堡。前临半月沉江状的大水田，田边小溪萦绕，四周小山拥簇，犹如巨船停泊于江边，小山该是拍打船身翻卷起的浪花。

走到巨船一般的古堡跟前，顿觉自己如水滴一般渺小。石头为堡，这是一座庞大的石头城！我被眼前的一切震撼了。

圆拱青石大门，门楣上书写着"厚德""道光丁酉年阳春吉日书"等字，寥寥数语，是这一座古堡的序言。四周十多米高的外墙，墙基以五六米高的方形石头垒起。沿中轴线拾级而上，通过下落环堡廊道底层，上了台阶，迎面是一面高达丈余的照壁，与顶落主楼分开，墙基及腰处皆用整饬的青石块垒成。走过光滑的青石条铺成的道路，穿过照壁，敞开在我眼前的更是宏大的石头世界。主楼前两个上下错落的天井，四边皆以条石围成。有的石条长五六米，宽达40厘米，厚近20厘米，估重近2吨。大厅勒石，雕有兽足。

都说精美的石头会唱歌，那么厚德堡的石头唱的是什么样的歌呢？与德化多数乡村一样，山脉褶皱起伏的地方，出产不了大规格的石材，就地取材，几乎不可能。那么这些石头从哪里来呢？尤其是整条达数千斤的条石。此地远离交通要道，距离旧时可行船的桃仙溪亦有几里路。且不说财力，是什么样的勇气与毅力，使江开安建起如此宏大的石头城？或者说，为什么在这土木丰饶的山村，厚德堡的主人非得用石头建起一座城堡？

在政治失意之余，江开安为什么要不计血本地建造一座宏大的石头城？我陷入茫然。

沿中轴线经两级石台阶，步入顶落主大厅，脚下青石被时光打磨得很是光亮，然而眼前的木头房子，残损与古朴还在，但少了几分深沉典雅。顶落主楼形近闽南五开张建筑，上下层各有一厅，典型的光厅暗屋。二层大厅高敞，厅旁的大房、厢房之上另有一层暗房。顶落之后有一排三层木屋，那就是后落了，有些房间放空着，只用粗大木头支一大框架，似是草率的未竟之作。

古堡后面两落，没有雕花，没有斗拱，没有剪瓷雕，没有翘角燕尾脊，在规格、用料、用工、用心上，比下落寒酸得多，风格似与道光旧时建筑相左。顶落楼高达三层，大厅更是高达七八米，这在清时是忤逆之制。旧时闽南习俗，民居通常不能高过当地衙门。"金玉其表，败絮其中？"这座外表如此光鲜的石头城，它的主体部分竟有几分不堪？

当再次绕厚德堡一周，我不时被古堡历史的光影所折服。这一古建筑处处

门窗、梁架/涂玉溱、郑光前 摄

闪烁着奢华与智慧，我确信我错了，所谓的"不堪"一定另有原因。

堡外大埕，现是一大片水田，有多方精细的旗杆碣伏卧田埂，似在诉说当年读书人的荣光。入门轩棚，用木头压制出半圆拱，饰以木刻雕花，把高贵和圆通留给了造访者。成排斗拱从环堡廊道屋檐垂下，像倒挂的花朵在倾听雨声。统一规格的巨木，不为承重，更多的是营造美的意境，为梁、为枋、为柱、为椽，最终为华屋为高楼。角楼呈攒尖顶，高达十多米；转上二层，上有靠背木椅，此间可读书可怡情。旧时堡外书房七八间，现余地基数坪，为当年聚族读书的地方，空气中仿佛可闻得旧时琅琅书声。

青瓦白灰的马鞍形封火墙，高出古堡之上，把下落、中落、后落隔离开来。封火墙和过道中的照壁，把整座建筑群分离成两个界而未隔的世界，除了装饰美化的功用，更多的还是防火防盗。顶落与两旁廊道原也以高墙隔开，现在墙基依旧在。顶落是整座建筑的核心，被高墙团围，除了防火防盗外，进可攻退可守，还可防匪。当地俗语称："开安公火烧，不会烧伤。"说的是，厚德堡一旦发生火灾了，不会伤及江开安的性命和财产。

当然，一定不止"不会烧伤"的事？

祥光村从古堡走出的很多老人，在堡里生，在堡里长，在堡里老，如同堡顶的片片檐瓦，上承古堡的风雨沧桑，下接世事的白云苍狗。古堡的故事，在江氏后人一代代的絮叨中，像古堡墙上朱砂色的红砖，在夕阳下，光鲜依旧。

建厚德堡之前，有一个人不能不提到，他就是江开安的父亲江峰高。江峰高很有商业头脑，看到桃仙溪水流湍急，遂把德化山区的木头放排贩运到福州，以贩卖木头起家，至年入田租三千担。传说他一日算命，算命先生说，他一生大富，惜无起大厦的命。他不信，回家即请人伐木取材，要开始建大堡，不曾想，堡未奠基，身竟先死。

厚德堡正式开建前，有一个颇值得玩味的铺垫。

　　传说，开安小时候与弟弟士容相约去游泳，不幸士容溺亡。有人诬称，江开安为独占家产而谋害亲弟。开安有口难辩。只是在开建厚德堡之前，先建了戴德堂给弟弟士容过继的后嗣。后才继承父志，兴建厚德堡。

　　开工时，江开安请一位技艺高超的石匠来奠基。石匠想要一试他的胸怀雅量，故意将一块奠基的石头滚来滚去，一滚就是三天。开安公对此视而不见，不动声色。石匠深为敬服，认定只有厚德大量的人才能建成大堡。从第四天开始，石匠穷其平生所学，全心修建古堡。

　　建成后的厚德堡到底有多大，已没有人说得清楚。人们只知道，过年节庆的时候，沿着环堡廊道前的窗户用灯笼点芒灯，整个晚上点灯人都歇不下来，点到最后一盏灯时，第一盏灯已熄灭。又传说，一个山外货郎进厚德堡卖货，在堡内转来转去，就是出不去，他迷路了。

　　环堡廊道左右原都有一座高高的角楼。廊道中间都是谷仓，江开安的长子番广半夜放火烧鼠，烧了右边的角楼。火是扑灭了，那一侧的角楼却没再建，

东北角楼 / 郑光前 摄

191

只是补上了个小屋顶。现在我们就只能见到左边的角楼。

民国时，江家出了两兄弟名人联善、联珠，皆行军从武，联珠还当过永春县长。后来的事情是，土改时，祥光村成了"匪区"，人民群众占领厚德堡，水口镇整个八逞村民全部搬迁入堡中，一个厚德堡就是一个红色村庄。

"文革"的时候，厚德堡的顶落被当成"四旧"拆了。一些上了年纪的老人还记得早年的事：当时大厅用轩棚盖出上下两重天，两旁各有十二片条屏，刻有二十四孝图。厅外日常有两个竹制禽兽图大匾与天井隔开。祭祀时，把匾拿到厅内摆放供品。厅头供奉列祖列宗的神位牌，整个厅头屏用樟木刻着相如鼓琴等描金图案，像个金銮殿。

"恕斋……筑厚德堡，负酉兼庚，规模宏廓，为子孙久远计，至周且大……加增产业，卜筑佳城……义方有训，度量宽宏，立德树功，为人世所推重。"这是黄仁彰为江开安纪传的后半部分。

当初，江开安为什么将堡取名为"厚德"？"地势坤，君子以厚德载物"，这句出自《易经》的名言，隐含了当时江开安什么样的情怀和心愿，他的后世子孙已少有人知。不经意间，他们只是以一些留传下来的传奇故事，在枝枝蔓蔓的情节中追溯祖先"厚德"的涓涓细流。

德厚者为堡，当年济世无门的江开安，唯有放低姿态，以家国情怀经营着小家，用心建造出这样一座巍巍大堡。他读书无数，终于找到了一种合适的理想表达方式。

仙游东石土楼

东石土楼位于仙游县园庄镇东石村樟下赖园公路旁，又称"亦可楼"，清康熙四十九年（1710 年）为抗御山寇而建。坐东北朝西南，为边长约 20 米的正方形土楼，占地面积约 420 平方米。

东石土楼外墙以三合土夯筑三层，厚度逐层递减。大门开向西南面，制作讲究，由青石起券，青石匾额，浮雕楼名"亦可"，有内外两扇硬木大门。东南面为偏门，制作较为简朴。建筑依四面墙体而建，每面各五间，进深四柱，中为天池（天井），边长近 6 米，由河卵石铺地，并有一口深达 5 米的水井。一、二层均为内通廊式，明间作厅堂，次间隔成居室，梢间位于角落，辟为楼梯间和其他用房。二、三层环天池建木栏杆。三楼未隔间，形成回廊，空间宽大。二层顶向内环建单坡屋面，与三楼屋顶合计有八面坡屋顶雨水流向天池，俗称"八面收水"。全楼为穿斗抬梁式结构，木构架独立承载，只是靠墙体的梁柱三面埋在墙内，内部四周均用杉木作立柱支撑，共有大小木柱 124 根。二、三层楼板也用杉木铺设，既拓展空间，又减少负荷。

仙游地区原有众多土楼，东石土楼是现存的保存较好的代表，也是莆仙与闽西地区两地文化交流的见证。该楼于 2018 年被列入省级文物保护单位。

# 风雨亦可楼

吴翠慈

罗西说，雨天，心情就到了宋代，那里有宋词。这样的雨，去宋朝有些远，还是就近吧。

清朝，应有雨在等我。

最好是一座旧旧的楼，外表庄严，内饰秀美。楼上窗扉紧闭，蛛网尘封。楼内光线昏暗，木梯窄小破败。大门一开，光阴的味道扑鼻而来。一方天井青苔弥漫，细雨拍遍旧栏杆……恍惚间，我来了。一袭红莲裙，一把青油伞，从光阴的那头款款走出，浮动如影，欢喜深浓。

雨中亦可楼/吴翠慈 摄

雨中的东石村静得恍如隔世，清新，安谧。土楼就在公路旁。站在雨中仰望，整座楼四四方方，固若金汤，有一种时空距离感，让人不知道从何处才能进入它的内里。赫然现于南墙的是四条粗大的白色长方形漆条，中衬一颗白色五角星，一看而知这土楼"文革"时被用作工作组驻地。

再看那大门，全是青石打造，设计精巧，外框呈长方形，内框作拱形门，可见建造是花了一定的功夫。梅雨斜打在门楣上，越发幽绿光滑，透出岁月的沧桑。墙上一层无窗，二层和三层才有，也是青石制作。墙上除了石窗，还有几十个密密麻麻排列有序的枪眼，就像不肯瞑目的老灵魂时刻在瞭望什么……

打开陈年旧锁推门而进，一股霉味扑面过来。里面阴暗、逼仄，与想象中的情景无异。小雨淅沥淅沥，有的打在屋瓦上溅起点点水珠，有的直落下来，滋润着一方天地。天井上的青苔和杂草显得一派生机盎然，但那满眼的翠绿好像无言地诉说这里的空落冷清。天井中间坐落着一口古井，泉水还在冒，但似

亦可楼正面 / 吴翠慈 摄

老眼浑浊，再也映不出昔日的辉煌与热闹了。

楼高有三层，布局井然，全是土木结构。栏杆是浅蓝的，明显是后期上漆，使这座颓败的土楼有了一点颜色，就像年老色衰的红颜上了一道朱粉。与之对峙，蓦然就想起李后主的这句词来："雕栏玉砌应犹在，只是朱颜改。"面对这样的场景，心头竟有点伤感起来。这座楼有三百多年了，似这般空寂，不知还能在这里屹立多久？

二楼的光线不再那么幽暗，大约是四周石窗采光的缘故。楼上空荡荡的，无杂物堆放，四边各辟设一厅二房。这种房屋的格局不同于莆仙传统民居。土楼是清康熙年间郑珠甫为抗御强盗、保护百姓财产安全而建，历经三年，共花费了数千两纹银。可见主人也是"土豪"一个，为了建造这座土楼花了不少财力和物力。

在楼上来来回回走了一圈，看看那一个个内大外小的枪眼，摸摸那一堵堵坚固厚实的墙体，感叹造物主的不凡。墙体大约厚48厘米，是用红土、砂石和糯米等按比例混合而成。这样的墙体，风雨不进，子弹难袭，躲在小楼里安全系数可高了。若是匪寇来了，只要把枪架在枪眼上瞄准射击，任凭他们怎么个刀枪不入，也不敢轻易靠近一步。

三楼的格局又不一样，地板厚实，回廊通透空旷，可通马车。站在回廊之上，细数有木柱子72根，每根直径约30厘米。四周壁上满是"文革"工作组留下的痕迹：妇联红旗台，生产红旗台，青年红旗台……

在回廊上款款走动，如同与时空做一回清谈。小雨淅淅沥沥，落在天井，感觉回到清朝一般。"唯有细雨愿为客，淅淅沥沥落中庭"（西沉），世间的清朗风月，如同一种静默的昭示，原来不是在梦里，有时不知不觉就在眼前遇见了。

下楼，又在门外踯躅，才发觉那青石大门是整个土楼的灵魂所在。精美的

门额上镶着一道美丽的石纹，如同一幅极致的书法悬挂在上。那上面的颜楷与行草错落有致，虚实相生，远看精致宁静，近看秀气端庄；再看那落款章，真是立体生动，宛若天工，顿觉主人好有情怀！一座楼之所以留存到现在，不但因它的坚不可摧，更是因其饱含的诸多文化内涵。

此楼名为"亦可"。亦可楼，当与共。可文，亦可武；可风，亦可雨；可寄兴，亦可凭吊……余味袅袅，无所不可。

亦可楼内景 / 吴翠慈 摄

福清东关寨

东关寨位于福清市一都镇东山村，清乾隆元年（1736 年）由何氏族人为防御盗匪而筹资兴建。坐东北向西南，面宽约 55 米，进深约 76 米，为典型的方形堡寨。

全寨由石埕、环寨墙屋、前厅、主座、后楼、护厝、过水廊等组成。石埕围以短垣，左右各设小门以供出入。墙基由花岗岩垒砌，其上为夯土寨墙，高达 10 余米，厚达 2 米。前厅、主座均面阔五间，装饰精美，两侧建有高大的封火墙。靠墙外侧建一排单层护厝，隔天井与墙屋相对，以过水廊相连。后楼与环寨墙屋相连，均为二层，一、二层前廊周环，二层沿墙内辟有近 2 米宽的跑马道，供巡逻御敌之用。东南、西南、西北三处方向设有重阳木制成的石枢木板门，十分厚重坚固；门顶设有出水洞，可以防止火攻。20 世纪 30 年代，罗汉里革命根据地游击队即以此地为活动据点开展游击斗争，并成功粉碎国民党保安团的进攻。

东关寨依山而建，地势高峻，院落逐进递次升高，形成精美绝伦的建筑空间艺术。全寨规模宏大，布局合理，结构紧凑，基本保留了清代以来的民居建筑风格，对研究古代建筑艺术具有重要价值。2001 年被列入省级文物保护单位。

# 东关寨的魅力

林秋明

古民居被称为凝固的乐章、石头的册页、艺术的载体，它集建筑结构、造型、壁画、雕刻等于一身。位于福清市一都镇东山村的东关寨，是福建东南沿海较为罕见的古堡式建筑，其独特的风格折射出福清历史遗存的广博与深邃。

明嘉靖年间，倭患猖獗，沿海人民普遍存在防御心理，因而纷纷筑堡自卫。百姓或联合各姓宗族，或同一强宗大族以土堡的形式，结成一个具有半军事性质的乡族组织，共同抵抗倭寇的侵扰，所以明代中期是古堡式建筑发展的重要时机。

东关寨全景／陈成才摄

201

　　东关寨堪称古堡式建筑的代表，与闽西的土楼有异曲同工之妙。它始建于清乾隆元年（1736年），距今有280多年历史。东关寨系何氏家族为防御盗匪而联合筹资兴建的。土木结构，分上下两层，共99间，呈长方形，总长76米，宽55米，系中轴线对称布局，三座并排，中厅面阔五间，进深一间。围墙下面由花岗岩垒砌而成，上半部为土筑，厚约两米多，寨内有跑马道（又称环寨锁廊），宽两米，可供跑马巡逻。寨墙上开有小窗，供瞭望射击用。环寨锁廊内有三列建筑。正对面南主寨门的这列建筑为主建筑，系防火墙式建筑，共三进。主建筑两侧的两列建筑则是横向的，所以又叫横厝。寨在东南、西南、西北三处开门，寨门为石枢木板门，以重阳木制成，十分厚重。门顶有出水洞，以防寨外的人火攻寨房。

　　东关寨作为清代中叶民居建筑，为何建得如此奇特？据何氏第十三代子孙

东关寨夏意/钟鹰 摄

说，何氏寨主始祖少年时期生活穷困潦倒，在其舅舅家里做帮工。舅舅是当时的地主，拥有大片山林农田。有一天，少年何氏跟随舅舅上山伐木，见满山遍野杉木郁郁葱葱、密密匝匝，便对舅舅说："这么多的杉木，我将来建房造屋时能否给我一些？"舅舅听了哈哈大笑："外甥何时能建房造屋，所需杉木全部由舅舅供给。"外甥说："一言为定？""当然说话算数。"

后来，传说这位东关寨何氏始祖在犁田时，发现一窖白银，准备造屋，去找舅舅要求兑现诺言，舅舅也就乐助其成。于是这位何氏始祖便把附近的能工巧匠都请来，还雇来风水先生。奠基那天，锣鼓鞭炮响彻整个东山村，附近数

百村民围观这一庆典盛况。数十名木匠和石匠，再加上上百名民工，花了两年时间，才把这座宏伟高大的寨子建好，并取名"东关寨"。从乾隆元年至今，何氏子孙已繁衍至第十三代。现在，除了部分住户搬迁外地，尚有十几户何氏后裔居住在这座古老的寨子里。

在冷兵器时代，东关寨固若金汤。据说，早年劫匪曾围困东关寨两个多月，最终败兴而去。到了1935年，闽中游击队罗汉里革命根据地80多名游击队员被困寨中，国民党保安团以一个连的兵力包围东关寨，并抢占山寨后的山头，不断地向东关寨开火，最终一无所获，只好灰头土脸地撤离。

东关寨依山而建，背靠大山，地势高爽，负阴抱阳，每进房屋院落都递次升高。冬无严寒、夏无酷暑，可谓占尽天时地利，达到天人合一的至善至美境

东关寨内景／颜家蔚 摄

东关寨前的游龙/颜家蔚 摄

地。也正由此，才形成了精美绝伦的建筑空间艺术，收到令人叹为观止的空间效果。纵观全寨，其规模宏大、风格独特、布局合理、结构紧凑、桁架巧妙错叠，基本保持清代以来的建筑风格，对研究清代建筑艺术风格具有极大价值。近几年，东关寨已被辟为福清西部旅游胜地之一，并被列为福建省第五批重点文物保护单位，备受省内外游客的青睐。

2017年底，福清市政府启动东关寨修缮工程，投入资金2000万元进行维修。如今，古老的东关寨正以全新的面貌呈现在世人面前。走进修缮后的东关寨，古色古香的庭院干净有序，精雕细琢的栏杆、带有精美花纹的窗棂、古朴厚实的木板门等，让这座古民居重新焕发光彩。2018年10月，一都镇乡村文化旅游节在东关寨盛大举行，更让这座人文深厚的历史建筑名扬海内外。

悠久的历史、灿烂的文化，造就了东关寨的独特魅力。它虽历经风雨沧桑，却风采依然。那一砖一木、一梁一栋，仿佛一个个鲜活的音符，仍在演奏着或委婉、或高亢、或悠长、或奔放、或含蓄、或细腻的旋律……

鸟瞰东关寨／陈成才 摄

永泰三捷青石寨

三捷青石寨位于永泰县同安镇三捷村永同公路旁,青石围墙,青石铺地,青石为阶,故当地人俗称"青石寨",又称"仁和庄"。清道光十年(1830年)由张氏族人建造。坐西北朝东南,面宽约83米,进深约73米,占地面积达6000多平方米,建筑面积约5500平方米。

寨内呈三横四纵"九宫格"平面布局。门楼面阔二十七间,进深三柱。正中设双开门,左右设边门。入门为前院廊屋,前天井左右厢房面阔两间。前堂面阔七间,进深五柱。中天井左右厢房面阔两间。中堂面阔七间,进深九柱。后院由门墙、天井两侧厢房和后楼组成,厢房和后楼均为二层。正中院落两侧过船屋(过水廊)即为横屋,横屋与寨墙围合成天井院落,天井以清一色长条青石铺砌,下水道出水口亦用葫芦形青石打造。寨墙东南角和西北角建有碉楼,屋面出檐较深,遮盖寨墙。船屋下方为前后贯通的又宽又深的排水沟,既能在暴雨时节起到迅速排水的作用,又能在土匪进攻时作为逃生通道。

青石寨作为永泰地区的代表性土堡,规模宏大,形制完整,技术精湛,用材考究,寨内建筑主从有序,共计有大小房屋370余间,为研究我国东南地区明清乡土建筑技术提供了珍贵的实物资料。2009年被列入省级文物保护单位,2019年被公布为全国重点文物保护单位。

链 接:

永泰庄寨是防御、居住并重的大中型民居,清末民初时期几乎遍及全县各村镇,现存较好的有152座,其中占地面积1000平方米以上的有98座。2019年,永泰庄寨群中的仁和庄、昇平庄、绍安庄、积善堂、中埔寨5座庄寨被列入全国重点文物保护单位。

# 繁花雄寨话仁和

张建设

春暖花开时候，龙门溪的左岸，一大片油菜花欢快地开放着，映着朝阳，迎着晨风，微微泛起金色的波澜，发出淡淡的清香。在花田后头，有一处石墙黛瓦、飞檐翘角、屋宇密匝的大宅院；前墙不甚高，但横向十分宽阔且纵深很远，细看有三个院落并排峙立，依坡就势，层叠而上，覆盖了一大片山麓，别有一番威严气势。这就是建于清道光十年（1830年），有着"民间固宫"美称的青石寨，也称"仁和庄"。

绕过花田来到寨门前，会感到寨墙还算巍峨，自下而上有所收分的寨墙，竟然是用巨大而均匀的青石块垒砌而成，高约4米。并列的三个院落门洞，其门框也都是用整块青石架设，石门框高两米多。寨内的前后天井垂带踏跺、天井壁、压廊石板乃至数不清的柱础，全部用青石打造。再看寨子左前方矗立着

"九宫格"平面布局/张培奋 供图

的一块青石碑刻，上书三个大字"青石寨"，边款为"福建省文物保护单位"，寨门上方写着"仁和庄"。

外墙建筑材料是青石，墙体高大厚重如城堡，故被称青石寨。建这座大庄寨的张家三兄弟，继承了其祖其父的遗风，一贯仁义为怀，热心公益，待人和蔼，相互间也和睦友爱，互敬互让，于是又取寨名"仁和"，希望子孙和和美美，共同发达。

看管庄寨的老张说：仁和是这个家族的传统。从三兄弟的祖父开始，几代人先后倡建无嗣坛和修建古道。老大序捷性情温和，勤勉忠厚，经营家族里千亩良田、百座油茶山；老二序仪智勇兼备，深有谋略，当了个小官，广为交游，行走四方，开拓人脉；老三序光精明灵活，经营数座榨油作坊和在县城的数家商号，生意做到了周边各县以及莆仙地区。三兄弟团结友爱，统收统付，生产、加工、销售、售后保障"一条龙"。兄弟同心，积攒的银钱最多时堆满了三个房间。

庄寨建成后，三兄弟没有分家，还和谐地共同生活了三十多年，到了第四代才分家。子媳十三个，孙辈、曾孙辈更多。在他们晚年时，达到一百多人，每天吃饭还在一起，就像是办食堂一样，十分兴旺，和睦的家庭成为人们学习的榜样。

进入门厅，左边墙上一幅图足以引起游客的注意。这是青石寨平面布局图，廊巷纵横交错，院落重重，门户叠叠，呈"九宫格"布局。据统计，庄寨大小、明暗、正偏共 10 个厅，17 个天井，378 个房间。跨过未关闭的屏门，小天井里摆着两个圆墩墩的石珠，高与直径均约 30 厘米，其外表粗糙，其貌不扬，却显得有特色。这是做什么用的呢？游客有猜插香的，有猜插晒衣架的，有猜练武杠铃配重的。最后还是老张揭开了谜底：这是插挂汽灯的灯杆。过去没有电灯，多用火烛又不安全，用竹竿将汽灯挂起，相当于现代的灯座。

庄里人性化生活设施还有很多，处处可以感受到浓浓的文化气息。稍微留心的游客，不难发现各处瓦檐口各个楹柱，还有各处窗花门楣挂落上的文字。有的是灰塑上墨书，有的是线刻填漆，有的是云纹夔龙缠枝形成。这些文字脱俗不凡，没有时下流行的"升官发财、飞黄腾达"之类的语言，而是体现"读书乐、宜子孙"。寨里"诗写梅花月，茶烹谷雨春"等文字，句句表达了庄主人的高雅情怀。即使是谈教化的文字，在"忠孝传家国，诗书教子孙"和"立身为无忝，积善有余庥"的庄重严肃之外，也有"过认真从此多事矣，试看破

封火墙"穿瓦衫"/张培奋 供图

无乃太简乎"的风趣幽默。

对着这些文字，回头看看门外艳艳的花田，会感受到几个兄弟庄主并不只是埋头于发财，他们有精神上的追求，充分显示了超脱的心态，要是生活在今天，或许会"茶烹梅子雨，诗写菜花春"呢。

除了一路楹联和对语之外，正堂梁架上还悬挂着几块有些斑驳的匾额。张老伯得意地介绍：这些匾额是他们祖上的荣耀。有县令为建庄三兄弟祝寿的，有府衙长官表彰他们家族和睦的，更有民国总统黎元洪"急公好义"和"乡里矜式"的题褒。虽然没有功名匾，却连续七代受过衙门嘉奖，也属不易。

荣获民国总统题褒的是张高涛，清末贡生，自幼好学而豪爽，讲义气，乐善好施。民国初年，永泰匪患严重，政府没有能力保护百姓，鼓励富户自保。张高涛站出来，倾输家产，招募乡勇，购买枪支，担任三洋乡保卫团团总，平时集中训练；夫人郑氏组织团丁家属从事纺织生产和后勤保障。遇到土匪侵扰，他们就让乡亲们躲到仁和庄里固守，渡过多次匪难。有一次，土匪攻到门前准备撞门，防守的团丁从东南角的铳楼放了一铳炮，虽然没打到土匪，但把厚厚的石门框震裂了，吓得土匪落荒而逃。现在我们无法想象那个激烈的战斗场面，却也感叹生活在动荡年代里的艰难，更认识到社会安定稳定对于老百姓安居乐业的重要！

在大厅上，可以见识到该庄寨的用材之考究、工艺之精湛。整圈压廊石和垂带踏跺石条都是那么宽厚而颀长，接头处的榫卯结构十分紧密。大厅两侧的

透顶裙板全部是老杉木板密扣，修长而平整。柱础石雕镂着精细的花草图案，至今仍然细腻光润。地栿石也是长条石打制，它们与鼓形柱结合，曲面相接，能够严丝合缝。在那个没有机械的年代，能做到那么精密细致，让我们感叹古人的智慧和毅力！

从大厅转向右边的横楼，可以见到横楼间的大通沟，属于罕见的双通沟。大通沟上封火墙，过雨亭上美人靠，还有护厝和横楼两边的腰檐设置，这些设置可以有效地防雨、防洪、防火，给庄内房间留足了采光与通风空间，还为那些"大门不出二门不迈"的内眷提供了一定的活动与休憩场所。

从横楼走廊转到右前方，穿过一个腰门，到了一个典雅的小院子。小院子有别于正堂的豪阔大气，但比起一般民居庭院却毫不逊色，一样的厅堂，两厢齐全，一样的雕梁画栋，只是显得私密性更强，氛围更加温馨。要是说正堂宜于家族聚会议事，小院子更宜于三五好友小酌，宜于书琴相乐。小院子有独立的门户，敞开门户，外面无限春光便涌了进来。踏上扶楼的楼梯，游客可以参观仁和庄的跑马道。这条跑马道的前半部大都以扶楼的外廊巷充用，外墙厚不及1米，只有后半部用巨石垒砌而成，厚达3米以上。石墙上部的生土墙，前部大多开设方窗，只有后侧部分设置了斗形窗和斜向射击孔。这应该体现了建庄人的一种自信和谨慎。听说庄寨的每一代主人文武兼备，一般的小毛贼不敢觊觎仁和庄。

沿着跑马道转到后楼梯，这是整排的横向楼房，自成三个小院落，相互间

既有所分离，又能够连通，地势高敞，光线充足。有人说，这里应该是传说中的小姐楼，她们在此接受传统"德言容功"四德教育，养成知书达礼能够相夫教子勤俭持家的大家闺秀，应该会出现独特的巾帼英贤吧？老张告诉我们，在寨里出生的女儿都很贤惠，清末张家有个女儿叫张瑞贞，嫁给鼎鼎有名的理学家余潜士当儿媳。瑞贞自幼聪明好学，精通经史，能言善文，工刺绣，性至孝，中年丧夫，因为节孝入祀县祠。最突出的是，在晚年能主持整理编辑其公公余潜士的著作，修乡贤第，建龙岗厝。瑞贞被清政府赐予"太君"封号，塑像矗立在永泰城关塔山公园名贤路上，为名贤中唯一女性。

春天来了，仁和庄前是一片金灿灿的油菜花，与青幽幽的寨墙相对；长檐下是清风中微微摆动的长串红灯笼，屋面上是如群燕欲飞和群龙欲腾的翘脊，还有两边船屋腰檐上熠熠生辉的凤凰牡丹彩绘，不得不让人再次感叹：青石寨是多么的沉稳厚重，多么的仁和端庄！

在新时代里，青石寨丰富深厚的文化内涵，仁和庄所倡导的兄弟团结、邻里和睦友爱思想，必定会焕发出新的光芒！

仁和庄里的喜事／陈成才 摄

永泰荣寿庄、昇平庄

荣寿庄、昇平庄位于永泰县大洋镇大展村卞湖自然村，又称"新旧洋尾寨"，分别建在相距 200 多米的山包上。解放战争时期，这两处庄寨曾是闽中游击队司令部和第四游击中队的驻扎地，共发生过大小战斗五六次，至今外墙上仍清楚可见许多弹孔。

荣寿庄由鄢氏族人鄢宗尹建于清乾隆四十五年（1780 年），坐西北朝东南，居高临下，依山而建。面阔约 54 米，进深约 52 米，占地面积 2830 多平方米，建筑面积 4820 多平方米。高厚墙体，内部为三进四落布局，有大小厅共 9 个，不同用途房间共 260 多间。门前立有两只栩栩如生的石狮子，前方还有一片开阔的田园。

昇平庄由鄢宗尹之孙鄢光椿建于清嘉庆十五年（1810 年），坐落在东壶山的山坡上，占地面积约 4460 平方米，建筑面积约 7380 平方米。为上下四进落布局，以厅堂为中心向左右伸展，共有大小房间 365 间。走廊和天井铺砌青石，木窗、木柱、横梁都有精巧的雕工，透露着古朴和典雅。大门为厚硬木板包裹铁皮，门框以石块砌成；东西两侧方向亦设有两个同正大门同样厚实的偏门。外墙石砌墙基，上部夯土，底宽约 3 米，高约 8.5 米，坚实牢固，且每隔 10 多米就设置一个瞭望口，用来观察周围情况。庄内还凿有水井，并设有巨大的粮仓，可供长期据守。

荣寿庄、昇平庄凝聚了祖孙三代人的心血，也见证了鄢氏家族的往日辉煌。两处庄寨建筑格局主次分明，整体造型宽敞开阔，建筑装饰采用当地精良的传统营造技艺，皆为永泰庄寨的典型代表。二者为永泰庄寨建筑群之代表，2018 年被列入省级文物保护单位，昇平庄于 2019 年被公布为全国重点文物保护单位。

## 雄雌鲨背寨对峙

戴云飞

　　永泰西山，多有名寨：同安寨，周坑寨，霞拔寨，侯官寨，官路寨，青石寨，马头寨，洋尾寨……

　　洋尾寨是荣寿庄和昇平庄两座庄寨的统称，当地百姓通俗叫旧寨和新寨，也称之为"公孙寨"，位于大洋镇大展村下湖自然村。永泰县每个庄寨既有深厚的文化底蕴，又有丰富精彩的故事，而洋尾寨还有过光荣的革命历史。

　　平原地名多"山"，山里则多"洋"。高山之巅的永泰西山，叫"洋"的村庄特别多。整片地域，则干脆就叫"大洋"。山旮旯里一片谷地，敢称"大洋"，此地山峦低伏，平谷遍地，称"大洋"或不为过。

　　大洋边上，有个叫下湖的村庄，山并不如何的高，无须仰止。其中有两座唇齿相依的山峦，形似一对雌雄不离的鲨，叫作"鲨山"。

　　鲨为海洋节肢动物，常年活动于深海，春夏繁殖季节，大潮的夜晚，雌雄总是成双成对，肥大的雌鲨驮着瘦小的雄鲨蹒跚而行，爬上沙滩产卵。通常捉到一只鲨，提起来便是一对，故鲨有"海底鸳鸯"之称誉。旧时渔民卖鲨，雌

昇平庄侧面／张培奋 供图

217

的称重，雄的赠送。

　　在交通不便的年代里，山里人或曾用过鲎壳做成的"鲎匜"，但见过鲎之真容的怕是不多。因鲎象征夫妻恩爱、家庭和睦，特别是福州方言"鲎"与"孝"谐音，寓意孝道。福建民居的木雕彩绘中，鲎的形象极其常见，自然亦为山里人所熟知。山势的具象，以龙虎狮象居多，"鲎山"虽不多见，也不足为怪了。

　　鲎山上，卧立着两座庄寨，即荣寿庄和昇平庄，为爷孙俩先后建筑，所以也叫"公孙寨"。如果说老禄庄演绎的是忠义英烈的传奇，那么荣寿庄、昇平庄讲述的，则是信和孝的故事。

昇平庄全景／张培奋 供图

　　荣寿庄主人鄢宗尹，清朝太学生出身，不知何故，并不为官。鄢宗尹为人端正，重耕读，轻商贾，喜与农人交谈四季晴雨、桑麻农事，也极看重读书人，唯独不与商人往来，认为商人时常干些不信不义的勾当，挂羊头卖狗肉，狗肉还要注水，毫无忠厚之心。鄢宗尹洁身自好，对待子女的教育，也推崇儒家正统，以孔子的"仁"作为最高道德准则，以"孝悌"作为"仁"的基本要求，对子孙产生了重要影响。

　　鄢多子多孙，荣寿庄也兴旺发达。不过三十年光景，偌大的荣寿庄，居住已显得有点逼仄。于是，鄢宗尹长孙鄢光椿又建起昇平庄。昇平庄规模更加宏大，

建筑面积达 7380 平方米，大小 11 个厅堂，365 个房间，是永泰现存较大的庄寨之一，20 世纪 70 年代曾居住着两百多人，设立左寨生产队和右寨生产队。

　　沿庄前石阶蜿蜒而上，步步登高。庄内前后四进院落，也是依山就势攀升递进，寓意家道升平。每一进落，皆是厅堂宽敞，天井朗阔。大小厝屋、厅堂、楼阁、厢房，以及厨房、粮仓、畜栏等，一应俱全，布局合理。沿寨墙环跑马道一周，建有护厝，二楼以居住为主，一楼兼具其他功能。护厝外侧即为跑马道，如此既充分利用了空间，也便于防御。两侧的护厝，凭着相对落差，相依相连，又自然形成局部独立的空间。每一个小空间里的数个房间，不是简单的前后间，而是设有小厅堂、卧室、书房、梳妆间等，颇似现代套房的平面布局。这在旧民居里并不多见。

　　小厅堂面对寨墙，为解决采光问题，除了斗形窗，也开挖较大的窗户。寻

鸟瞰荣寿庄／陈成才 摄

常的日子，打开窗户，可安坐在低矮的窗台上，眺望远山近树，山野延绵。护厝内侧设木走廊，每一个独立空间都有木梯通往底层。后座的花楼，亦是与众不同，精致而有韵味。

中间厅堂，为书斋先生授徒处。两侧书房，墙上散发着久远的书香墨香气息。前廊则安美人靠，为女眷学童休憩处。站在廊前，屋檐层层叠叠，以马头墙相隔，错落有致。移步转换视角，展现的是一幅幅不同的建筑小品。

鄢光椿，清乾隆戊申科举人，待缺多年。后授湖北县令，以父母年迈为由辞官不就。吏部上报朝廷，乾隆帝感其孝心，赐"恩荣予养"匾额，准其在家赡养父母。

"座上春风雪月，阶前玉树兰芝。"昇平庄正厅这副对联，既彰显了主人的襟怀，也寄托了对子孙的期许。鄢氏族人，忠义之士辈出，也不乏舞文弄墨的风流才俊。鄢正畿固是以忠烈留名，诗文也足堪传世。鄢茂材则有书法论著《墨妙纂》，在永泰古人文存中独领风骚。《墨妙纂》共分学书、书法、书名、成书（上、下卷）、书品六卷，尽搜名家书法真迹拓本，纵论学书品书之道，是一部奇书。受其影响，麟阳鄢氏，历来善书者众。鄢光椿亦善书，当年麟瑞塔落成，遍邀远近书法名家题写匾额，虽各有千秋，唯鄢光椿所书"麟瑞塔"三字，一气呵成，遒劲厚重。

鄢氏族人崇文，也尚武，发源于永泰的福建七大拳种之一"虎尊拳"，代有传人。可以想象，鼎盛时期，旭日初升的早上，昇平庄内，读书声，练武声，捣衣声，锅碗瓢勺的碰击声，嘈杂而又祥和，那是怎样的一幅"升平"景象！

西山洋尾寨因孝顺而传名，但洋尾寨还为抗日战争和解放福建做出了突出贡献。

时光流转至上世纪，永泰县与全国各地一样，经历过抗日战争和解放战争。大洋是永泰县西区重镇，位于区中心的洋尾寨，其战略位置更显重要。旧寨和新寨都是建在山顶上，互为犄角，易守难攻，恰好构成了一对兵家必争的军事堡垒。

抗战时期，洋尾寨百姓积极支持前线军队与日本开战，闽中游击队长乐至古田秘密交通线就是建立在洋尾寨。时任闽中地委委员的饶云山和祝增华，率领闽中游击队第四、第六中队驻扎在寨里，设立司令部，经历过多次战争，也取得了胜利。闽中游击队进驻后，受到洋尾寨与附近群众热烈欢迎，游击队为群众举办培训班，发动群众参军，十几年来，共有几十位青年应征加入革命队伍。

解放战争期间，解放军第三十一军从闽清前去解放福州，大队人马在永泰洋尾寨过境，受到当地寨民热情欢迎。百姓们主动承担起后勤保障任务，让出房间，帮助部队挑水、劈柴、扫地、煮饭、送柴火和青菜，提供生活用具，保障了解放军后勤供给，极大地支持了人民解放军的军事行动，为福州乃至福建的解放做出了贡献。

饮水思源，新中国成立后，党和政府以及百姓没有忘记洋尾寨，县委县政府已把双寨列为革命教育基地，常常组织党员和群众前往参观学习。走过洋尾寨，不仅受到了一次以孝为先的传统文化熏陶，也得到了一次红色革命历史的教育。

永泰赤岸铳楼群

赤岸铳楼群位于永泰县丹云乡赤岸村赤岸溪两岸，约建于清代，由祖忠铳楼（又称前店铳楼，占地面积122平方米，建筑面积265平方米）、则水店铳楼（占地面积168平方米，建筑面积354平方米）、和春铳楼（又称祥林店铳楼，占地面积130平方米，建筑面积249平方米）、世瑀铳楼（又称扁店铳楼，占地面积84平方米，建筑面积171平方米）等组成，是周边大庄寨为将哨岗延伸至村中要道而建。

铳楼是配置于民宅的防御型建筑，以铳为自卫武器。铳楼多为单体土木结构建筑，黑瓦覆顶，形如碉堡，高二至三层楼，由一层商铺（堂屋）、二层住房、三层粮仓和储藏室、碉式角楼、窄小回廊和檐廊等组成，上有狭长的斗形窗和隐蔽枪眼。清代永泰铳楼店铺分列赤岸溪两岸，形成赤岸市，使这里成为重要的商贸市集。以上四座铳楼均依溪而建，每个铳楼兼顾警戒三个方向，互为犄角，形成守望之势，以联合起来防匪防盗。

赤岸铳楼群虽然规模较小，不如堡寨宏大，属于简易的碉堡式建筑物，但其兼防御、商铺、居住等功能为一体，是福建防御型建筑的一种重要类型。永泰全县现存铳楼有300多座。赤岸铳楼群于2018年被列入省级文物保护单位。

## 守身护邻度繁华

王 翀

　　高大的庄寨，往往以它的巍峨展示了它的气势，讲述着它厚重的历史，使我们不得不惊叹它的创造伟力。然而，在先祖的智慧结晶中，不乏小中见大、细微而丰满的杰作——铳楼。

　　婉娩的暖春三月，伴着时间的低吟，已不觉间挤进了季节的门槛，莺燕解语，花草争姿。举目青山，清流缓曲，大自然柔和之笔绘就了绵延起伏、石秀岩奇的磨笄山和碣石山山脉，风光旖旎，蔚然深秀。

　　乘着明媚之光，有幸与章礼提、张建设二位作家再次抵达永泰丹云乡赤岸

祖忠铳楼与折桂桥／张培奋 供图

225

村。泊车村公园之旁，驻足于赤岸溪边的折桂廊桥上，一边观看着赤岸溪两岸美丽的风景，一边品赏着坐落于两岸的铳楼群之外景风貌，当然也不会放过小而精湛的折桂廊桥。

折桂廊桥横跨于赤岸溪上，连接两岸铳楼。桥上题诗："但见兼葭苍，不闻木樨香。一曲渔家傲，矶头神飞扬。"

和春铳楼／张培奋 供图

生动地刻画了清代王梦熊进京备考、渴求折桂的心理。

折桂桥明朝时建，几经水患，几度重修。如今的折桂桥，溯源打造，以古典廊桥造型，镌刻着乡愁记忆，依然让乡中士子"蟾宫折桂"的美好愿望寄寓其中，也成了赤岸村民休憩流连的一道亮丽风景。廊桥东侧，两棵百年老枫树雄立于溪流两岸，沐浴在沸血的艳阳下，挺威武之躯，显参天之雄，伫立成铳楼守护大神。

闻讯而来的王老伯和张老伯，热情地给我们讲起赤岸村的故事。赤岸是福州方言"七雁"的谐音，相传因村中有七座展翅俯冲而形态似雁的小山而得名。也有传说，明代时王氏举族搬迁到永泰东北部一个无人居住的高山村，村里有条小溪从北往南而来，流到山下却转东流去；小溪两岸桃花盛开，红焰似火，于是便把村名定为赤岸。

世璃铳楼／张培奋 供图

美丽的赤岸村，古代是永泰县东北部的中心地，东南部坐落着前洋、丹云、下洋、翠云等村庄，西部与星联、北山、溪坪等村相连，北部却与溪南、罗洋、春光、蒲洋、叶洋、天台后等村庄相邻。

"康乾盛世"时期，社会安定，经济发达，赤岸一带人口得到快速发展，物质交流逐步频繁起来，赤岸凭借着地理位置的优势，经过几十年发展，成为永泰县东北部集贸市场，每逢农历初一、十五，附近村庄的百姓带着自产的农产品前来交易，熙来攘往，叫买叫卖，热闹非凡。

繁华的赤岸集市，居然挤进了古代永泰县"四市"之一。市，这里指的是集市，"四市"也就是葛岭市、樟城市、嵩口市和赤岸市，葛岭、樟城、嵩口是永泰县著名的"三镇"，而赤岸不知为何却成不了乡镇，不能不让人感到遗憾！

赤岸村几位有生意头脑的王氏人员，在繁荣的市场里赚到几桶金，家庭积蓄也越来越多，纷纷盖起了商店，形成了固定的商业群体。

常言说，"三十年河东，三十年河西"，清朝后期，社会动荡，经济停滞不前，时不时出现土匪抢劫。俗话说，"鸭子顺着有水的地方去"，土匪当然不会光顾穷苦百姓家，眼睛自然是盯着财主们。保命保财已成为摆在财主们眼

赤岸溪畔的铳楼 / 张培奋 供图

送朋友别赤岸口传诗（节录）

············

送君送到折桂桥，张飞大闹长坂桥。
对面一座大王庙，两境钱塘合中和。
送君送到瓮潭口，古传神鳌大如斗。
士子十年寒窗读，蟾宫折桂圆梦了。
路上猪厨食杂特，店主外号野麻十。
为人仗义心田好，买卖交易留美德。
对面服装兼家具，服务乡里农耕事。
老板名叫王则水，买田买地有本事。
送君送到油行店，茶油素面担一担。
车带带米声声响，声音盖过剃头店。
离开车带和油行，两间大店列两旁。
这边隆丰糕饼店，对面和春药材行。

············

前的头等大事，于是财主王祖忠（迁祖王氏第十七代孙）在街头起盖了一座集商铺、居住、保卫为一体的三层小庄楼，土木结构，形如碉堡，百姓称之为"祖忠楼"，又因为是以卖肉为主，平常就称"肉店"。

祖忠铳楼一层为商铺（堂屋），二层为住房，三层为粮仓和储藏室，此外还设有碉式角楼、窄小回廊、檐廊等，上部配置有斗形窗和枪眼，放置几把鸟铳，也就是打猎用的鸟枪。鸟铳当然不是用来打猎的，而是用来打击抢劫者，于是便称为铳楼。

祖忠铳楼落成后，村里财主王则水、王世焘、王世瑀等人纷纷效仿，十几年间在赤岸溪两岸盖起了六座铳楼，形成了著名的铳楼群，可惜只有四座保存下来。现存的四座铳楼，也俗称"四店"，在布局上有一定讲究，每座都兼顾三个方向进行警戒，互相配合，形成犄角守望之势，其目的是共同防匪防盗。

绵绵的春雨下个不停，太阳时不时露出一丝微笑，折桂桥头的树枝迎风而飘舞，让人如入春夜的梦境。王老伯和张老伯讲完故事，然后带着我们沿着赤岸溪北岸的石铺古道，走进了距离折桂桥头只有几十米的肉店，张老伯津津有味地讲起了王祖忠与肉店的故事。

祖忠铳楼由王祖忠起盖，其子王煊璋继承，主要经营猪厨、粉面、食杂、干果兼餐馆等。祖忠公为人豪爽，心胸豁达，武艺高强，是当时赤岸乡绅自卫联保发起人之一。1949年8月，国民党"中央兵"过境永泰时，王煊璋在该铳楼盛情款待过先行的四名军官和八名卫兵。先行军官忠告煊璋应尽快藏匿家财，安顿家眷，预言后头部队可能会侵扰沿途百姓。果然，接下来的部队到达后，吃光了店内全部食物，四五十个官兵喝光了一百五十斤自酿待售的青红酒，并醉倒在铳楼内两天两夜，使本应先行的队伍落到了最后。有诗称道："路上猪厨食杂特，店主外号野麻十。为人仗义心田好，买卖交易留美德。"

离开了肉店，沿着古街道，大约走了两三里路就到了饼店，也就是世瑀铳楼，也称"扁店铳楼",由王世瑀起盖,主要经营糖烟、布匹、自制糕饼等,民国中后期引进浙江人开办了染坊。王世瑀受其父王永诛影响,行事光明磊落,遇事胆大心细,从事商贸得心应手,尤其是糕饼技艺精湛,香名远播,生意红火。

世瑀铳楼前曾经是座极为气派的门市部,可惜经无情岁月的洗礼及历史的变故,如今成了一片葱茏的李园,遗址中只保留墙根痕迹。

怀着遗憾的心情,踏水过溪上岸,来到了南岸的"药店",也就是和春铳楼,这座铳楼店主要经营药材。由王世焘(又名和春)起盖,那是当时赤岸地区早期稍显规模的药铺,店号"恒春林"。

1950年,政府为合理利用资源,租用了该铳楼的部分房间作为白云区"赤岸保健站",如今店门头依然保留着发旧泛黄的店名痕迹。王和春受其父王东升(赤岸东升寨的主要建设者)影响,自小文武兼修,喜近儒林,善诗词,工于山水画,中年行医颇有建树。因和春家庭人口众多,无富足财产,是"土改"时唯一没被划为"地主"成分的店主人。

沿着南岸边返回,张老伯说,那是赤岸市中心,古代经营着许多商品。走着走着便走到了"食杂店",那是则水店铳楼,位于祖忠铳楼正对面。有诗曰:"对面服装兼家具,服务乡里农耕事。老板名叫王则水,买田买地有本事。"

则水铳楼,由王武就(名则水)起盖。主要经营生产农具、日常用品、服装鞋帽、喜庆用品等。王武就天资聪颖、和蔼可亲、敦族睦里,商贸经营风生水起,民国中期购置了大量的田地山场。"中央兵"过境时,他审时度势,速藏家财,携家外逃,顺利躲过那场劫难。

赤岸四座铳楼虽大同小异,但各有特色,使用功能会想得那么周到,建筑会那么精巧牢固,不得不让人佩服楼主和建筑者的智慧,也不得不让人遗憾,那么好的房屋现在只有三位上了年纪的老者居住。

但更为遗憾的是,繁华的闹市早已成了过去,王老伯告诉我们,赤岸市场

最为繁荣时期是在道光咸丰年间；铳楼群形成后，还经历过一段时间的稳定和繁荣，民国初期生意还算可以，但后来越来越萧条，1949 年前只剩下几间小店铺。

春雨居然停了下来，逛了几个小时的赤岸市，我们又回到了折桂廊桥，这时有些累了，躺在美人靠上，个个眯着睡眼，好像在做着美好的春梦！

时光把我带进了"康乾盛世"时繁华的赤岸市，叫买叫卖、熙熙攘攘热闹的场面好像就在眼前。可是章老师却把我带回了现实，繁荣昌盛的赤岸市早已成为历史，楼主们早已远逝，铳楼早已失去功能，现在留给世人的，都是往昔的历史记忆。张建设老师也从梦中醒了过来，说："赤岸铳楼群，那是时光的见证，古代集市的地标，也是文人墨客的绝笔，应努力把那铳楼完整地保存下来。"

繁华的赤岸市虽然成了过去，但美丽的赤岸村却展现在面前。赤岸村跟上了新时代潮流，振兴乡村经济，加大幸福家园和美丽乡村建设力度，天高云淡，四季常青，赤岸村已成为宜居家园。

"阳春布德泽，万物生光辉"，借梦而来，醒梦而归。我们品赏了铳楼群和折桂廊桥的古建筑风采，又沐浴着新时代新农村的灿烂阳光，双手抱拳，告别依然屹立在岸边的几座铳楼，告别两位热情而好客的老伯，依依不舍地离开梦想已久的小山村……

永泰万安堡

万安堡俗称"尾寨",位于永泰县嵩口镇道南村大樟溪畔。嵩口镇位于永泰、仙游、德化、尤溪、闽清五县交汇处,自古被称为永泰的南大门,是永泰西南地区经济文化中心,历代匪患严重。该堡始建于元代至元年间(1264—1294年),清咸丰初年(1853年左右)重建。初为张姓家族起建,后来别姓逐渐迁入,各姓杂居于此,共同抵御匪寇。外墙面遗留下的众多弹孔,见证了各家同心勠力御匪保家的艰辛历史。

万安堡城堡整体坐南朝北,面对大樟溪,平面呈长方形,东西略窄,南北略长,占地面积4000多平方米,建筑面积约4200平方米。外墙基高约5米,厚约2米,用大樟溪巨型河卵石垒就。墙基上夯筑黄土墙,亦高达5米,墙上密布哨眼和枪孔。内部为木构建筑,120多间房屋分三层靠四面寨墙而建,并环建跑马道。天井中央有一口水井,上刻"大清咸丰癸丑菊月造",井水清冽甘甜。

万安堡规模宏大、工艺精湛,体现了明清时期南方地区古民居土木结构的建筑风格,并保存了大量精美木雕、砖雕以及石雕等古代雕刻艺术作品,堪称为一座古民居博物馆。

# 历尽风波祈万安

言 午

闽地负山面海，自然禀赋迥异，人居环境不同，民居建筑，各具特色，异彩纷呈。其中形态独特的土楼和富有山林气息的土堡，最为有名，极尽风流。永泰庄寨，便如多年前的永泰山水，藏在深闺，寂寂无闻，至今仍鲜有人识。

所谓庄寨，亦庄亦寨。四周高垣厚垒，环形布防，是为"寨"，与土楼土堡相仿，而体量和气势与之相比，毫不逊色；寨内为"庄"，空间疏阔，布局合理，雕梁画栋，文化气息浓厚，居住环境，则比土楼土堡更为精致。

永泰地理位置独特，恰在"闽中"。位于闽江下游，却不在流域边上。东接莆仙，南邻闽南，西部则受闽西北的辐射，方言习俗深受周边地域影响。多种文化的渗透、融合，使永泰庄寨糅合了闽地民居的多元要素，形态独特，构

万安堡外侧／张培奋 供图

235

万安堡全貌／张培奋 供图

筑另类，独树一帜，为八闽乡土建筑的另一朵奇葩。与土楼土堡不同，永泰庄寨大规模完好遗存，一朝揭开面纱，必将像当年"发现"土楼一样，惊艳世人。

庄寨内敛，多命名"庄"，外人才称其为"寨"。庄寨名称，也多受儒家思想影响，成厚庄、宁远庄、仁和庄、绍安庄……儒雅端厚，谦和重重。

庄寨直接称作"堡"的寥寥无几，万安堡的命名，突显了防御功能。万安堡位于永泰县嵩口古镇古码头边上，离德星楼、妈祖庙不远。寨墙高筑，高5米，不抹一灰一浆，外观齐整，里头犬牙交错，极其稳固。上头生土夯筑，高又5米。墙体上布满枪眼，宅高院深，气势恢宏。

寨内居住人家，原只张姓，现住张、刘、郑、叶、陈、林、曾、方八个姓氏，在以宗族聚居为主的庄寨中，较为罕见。

嵩口自古富庶，历来为盗匪觊觎之地。但此地繁华，居民势众，明朝起就设有巡检司，盗匪敢明火执仗劫掠，可见当年匪祸为害，气焰猖獗。

永泰山远地偏，道途阻隔，宋元之前，先民借山而居，偏安一隅，少有兵痞盗匪滋扰。百姓日出而作，日落而息，夜不闭户，路不拾遗，安居乐业。明朝中叶起，吏治腐败，税赋日重，商人地主迅速崛起，财富向大户集中，贫富悬殊，矛盾激化，社会动荡。闽浙沿海一带，倭患频仍，烧杀抢掠，无恶不作，不时波及山里。世道不平，境内及周遭地域，草莽枭雄、逆奴凶徒、畏罪遁逃者，一时汹涌，啸聚山林，为祸一方。"丑类杂居，淫虐并起，恃险阻，聚亡命，出则劫掠，居则吞噬，比比皆是。"（《永泰县志》）

翻开《永泰县志》（民国版）"大事记"，如同打开一部灾难史。天灾人祸，肆虐乡里，匪寇残害百姓，触目惊心。尤以明清匪患祸害为甚，且录数则为证。明正统八年（1443 年），邓茂七在沙县、尤溪作乱（所谓历史上首次因租佃关系引发的农民起义），攻劫周边诸县，永泰首当其冲，民众死者无数。正统十三年（1448 年），尤溪人响应邓茂七者，率众再次侵犯永泰，"所过屠灭，井里为墟"。乡间民谣唱道："山深犹未深，谷幽犹未幽。莫落悍兵手，宁吞

万安堡外墙 / 陈成才 摄

猛虎口。"匪患为祸猛于虎狼！嘉靖三十八年（1559年）五月五日，倭寇突袭县城，知县周焕率民众守城，不敌，周焕及一众乡宦义士，战死者达300余人。倭寇抢光烧光，烧毁县堂、城楼以及屋舍600余间。城既陷，倭寇四处劫掠，白云三峰寺100多名僧众，也被屠杀殆尽。月余后，倭寇才带着劫掳的财物及百余男女丁口，分由水陆两路退去，县城一度荒芜。不两年，嘉靖四十年（1561年），漳州人王凤因种菁失利，聚众作乱，不日竟至数千众。大洋人鄢俊散尽家财，号召邑中豪杰600余人击贼，鄢俊战死。次年，贼众虽被巡抚刘焘遣将剿灭，但西北各乡，已是满目疮痍，民众流离失所，十室九空，一片萧然。万历十七年（1589年），汀州人邱满据陈山为乱。十八年（1590年），县内多处菁客会盟为乱。顺治三年（1646年），两任县令朱由榴、翁日宾先后被贼寇杀害；同年十二月，邑寇赵子章攻掠白云，盘踞四个多月，焚尽庐舍

而去……

鸿蒙既开，天下纷扰，即便是在康乾盛世，匪患也未匿迹。到了民国，更是愈演愈烈，官兵与盗匪周旋，年年剿匪，斩草不能除根，焦头烂额。

南宋时，永泰曾经辉煌，鼎盛时期人口达 10 万余众。元起中落，终明一朝，人口锐减至 2 万余人，除天灾外，与匪祸连连，不无关系。因此，明代至清代，为求自保，永泰境内，几乎村村建有庄寨，甚至一村多寨。高峰时，庄寨总数超过 2000 座，成了一道独特风景。

庄寨攻守设施兼备，寨门一关，固若金汤，危急之时，足以保境安族。万安堡多次被土匪围攻，总能化险为夷，只是斑驳的外墙上，留下累累弹孔，见证着岁月的磨难。

20 世纪 30 年代，德化匪首黄其澜纠集土匪数百人抢掠嵩口，嵩口落入土匪手中，沿街店面被洗劫一空。只有一些大户人家及部分民众藏入万安堡，才免于一难。土匪围困多日，久攻不下，气急败坏，烧毁民居 40 多座，史称"嵩阳劫火"。

1932 年"一·二八"事变后，十九路军移防福建。同年 9 月，总指挥兼省长蒋光鼐派一个团的兵力，到永泰协助地方剿匪。其中一个营由营长罗彬华带领，驻扎在万安堡。万安堡的门廊里，还留有官兵当年在墙上写下的标语："倭寇不灭，军人大耻；抗战到底，还我河山！"至今读来，仍让人热血沸腾。淞沪抗战时，十九路军与张自忠的第五军奋力抵抗，精神永不磨灭。官兵纪律严明，秋毫无犯，共剿灭匪徒 20 余股。在剿灭盘踞在大喜上下寨的陈培芳匪众时，消灭匪徒 100 余人，官兵 9 名殉职，民众曾在大喜立碑纪念。但为防土匪死灰复燃，卷土重来，官兵放火烧毁了上下寨，虽说是釜底抽薪的无奈之举，到底是留下了遗憾。据说盖洋曾有 7 座庄寨，也是在后来的剿匪中一夜烧毁。多事之秋，一座庄寨，就是一处避难所。一座座庄寨，诉说着一段段往事，一个个家族的辛酸与苦难、兴衰与沉浮。岁月流逝，沧海桑田，多数庄寨，如今已倾圮坍塌，甚至湮灭在荒野杂草中。一些遗址，已只留在口头传说里，再也难觅踪迹。

近年来，永泰县极其重视庄寨的保护，成立了专门保护机构，斥资抢救性地修复了部分庄寨，民众的保护意识也开始觉醒。但现存的 146 座庄寨中，仍有一些继续衰败，万安堡便是其中的一座。庄内年久失修，杂乱无章；寨墙经上百年风雨剥蚀，风烛残年。

饱经沧桑的万安堡，给人们留下了一段永不磨灭的历史记忆。但愿承载这些记忆的堡寨，不会因为时间的流逝而湮没。

閩清娘寨

娘寨位于闽清县省璜镇良寨村,建于清代。整体坐西北朝东南,面宽37米,进深41米,占地面积1520平方米,平面近方形,四角为圆弧形,由居中正座和外圈围合两部分建筑组成,形成"回"字形格局,共有大小房间80余间。

　　娘寨外围建筑以大块溪石毛砌基础,高约4米,上筑以约4米高的夯土墙,墙底最厚约达3.5米。靠寨墙内环建二层楼,沿墙环以跑马道,用来巡逻观察敌情。寨墙上另开40余扇斗形小窗,窗下沿设斜口射击孔。全寨设前后两个大门,前门洞以方形青石错缝叠砌,后门洞以大块溪石砌成,均安设20多厘米厚的三重黄槠硬木门,做工精巧,十分坚固。正座位于寨内中央台地上,地势略高于外屋,面阔五间,进深五柱,穿斗式木构架,双坡顶鹊尾脊。厅堂家族祠堂,严整华丽,庄严肃穆,通过过水亭与两侧围屋相连接,方便往来。

　　作为一座为抵御盗匪而建造的深山古堡,娘寨见证了数百年来的历史与沧桑,如今整体建筑依然淳朴稳重、宏伟壮观,具有典型的清代闽清堡寨特征。据说,娘寨也是福建地区唯一一座由妇女独立主持建造的堡寨,不仅彰显了古代劳动妇女的坚韧与毅力,更给后世留下了一笔宝贵的精神财富。

# 🔖 寨在水边

陈美者

## 一

四月。微雨。细小的雨珠洒落山间。漫野的芒抱成一团，杉树纷纷亮出身上的尖刺，偶尔随风送来一阵幽香，那是山苍子。竹林间，时见一些滚圆的笋，顶着两片嫩黄的叶，叶上有水珠，似乎它们是刚刚冒着汗破土而出的。

春娘站在寨仓顶，群山之峰。四周寂静，可以听见雨打绿叶之音。

没人能说清春娘的眼神。斗笠遮盖住了她的表情，她看似平静地站在这细雨中，心里却是风起云涌。就在她站立的这个位置身后，本来是有一个大寨子的。寨主人姓张，张家主要做海上生意，将木炭、茶叶、瓷器等，沿着驿道，贩卖至远方海港，再将海盐、鱼干、虾米等运送回来；江西景德镇瓷器，则是张家的主营项目。张家当年可谓一方富贾，名位显达。明万历四十二年（1614年），

娘寨外景／程水建 摄

243

16岁的春娘披着大红盖头坐着轿子,在锣鼓声、鞭炮声和欢笑声中被迎进寨门,成为寨子的夫人。全寨一百多人,粮足马肥,子孙贤良,好生热闹。

而今,她的身后却与周围山野无二,杂树高耸,底下则野草丛生,根本无路。春娘折断一棵杉树,用它披荆斩棘,愣是开出了一条路。脸上粒粒水珠,分不清是汗还是雨。

只有一截石墙还在。

只有春娘知道,那里本是寨子的正大门。

春娘将长杉木立在脚边,她往上抬了抬斗笠,望着那截长满青苔的石墙,眉头不由跳动起来,清顺治十五年(1658年)那个可怕的冬日又闪现在她眼前。

红光。火焰冲天。那日,她和11岁的孙子外出,准备回寨子途中,发现一片耀眼的烟火和震天的喊杀声。她心知不好,一把抓过小孙子就躲进路边的一个废窑中,那废窑本是烧木炭用的。早就听闻沿海一带有倭寇进犯,杀人、抢盗、劫财,没想到此番居然进犯至如此深山。看来张家这样的大姓,早就被盯上。喊杀声愈发逼近,贼人烧完寨子后又分散各处,一路用尖刀在杂草中乱刺,就这样,其中一人,来到了春娘藏身的废窑边。

一道雷电闪过。紧跟着就是瓢泼大雨。贼人在这道闪电中抽回了尖刀,嘴里不知骂着什么,终于走远了。

春娘和小孙子依旧不敢动。待那贼人走出好远,周围真的只剩下雨和草的气息后,春娘方才动了一下,长裙下大腿上的那个伤口还在汩汩地冒着血。刚才贼人刺中了她,她不敢有任何声息,立刻将长裙团起,飞速裹掉尖刀上的血。或许是雨足够大,或许是尖刀本已沾满血,贼人将刀抽回后,并没有发现刀上的新鲜血迹,遂离去。

春娘没有流一滴泪,用力地握着孙子的手,慢慢地站起身来。远远地,她看见火烧掉了寨门,烧掉了围墙,还一副不肯罢休的样子。小孙子也学着奶奶

娘寨内景 / 程水建 摄

的样子，站成一棵树，他早已悄悄拭去自己眼角的泪滴，那一刻，他已成年。

全寨上下一百多人，无一活口。活下来的只有春娘和小孙子。那之后，一场又一场的雨洗掉了鲜血。也是一场又一场的雨，让春娘的脊梁愈发挺拔起来，表情凛然。不然，还能怎样呢？活下来就得有活下来的样子。在恐惧中生长出来的骨头，总是分外坚硬。

但坚硬是给外人看的。夜深人静时，从一片红光中惊醒的春娘常常要一个人拭去自己额角的大粒汗珠。家族惨遭倭寇杀戮时她已然 60 岁。而时隔两年，她才敢重新踏上这寨仑顶。此刻，她手持一根杉木，在四周寻找遗迹，复见一截石墙，是的，这原来是寨子边门的位置。继续往前，天！那该是寨子的后门吧。

春娘在一截一截的石墙间穿走，仿佛被赐予某种奇异的力量，拼命想要抓住一些过往的痕迹，那是她的家和族啊——也仿佛只有不断走动、挥舞手中的杉木，才能释放出她内心的恐惧与悲凉。

最后，她扔掉了手中的杉木。

她再次站立在寨仑顶边，向下远望。脸上已是一片平静。

雨止。风起。

就在春娘转身准备下山时，一阵风忽然掀掉她的斗笠。春娘惊讶地看见，她的那枚斗笠悠悠扬扬地向山下飘去，像一只蝴蝶蹁跹。

春娘看清它的方向后，慢慢往山下走去。

## 二

戴着斗笠的春娘，用双手捧起一碗酒。

色泽青红，入口极软，真是好酒啊。来人一仰脖，干了碗中酒，指着脚下的石头说："喏，这是我在梅溪边找到的最好的一块石头。老夫人酿得一手好酒，为我等路人解渴去乏，也是美事一桩，想必大寨也指日可待啊！"

春娘微微颔首，一丝笑意在她脸上闪过，也只有外商才会这样喝青红酒。这种用红曲、糯米、水酿制而成的本地酒，入口很好，后劲却极大。好在他们也只喝一碗。自建寨以来，驿道来往商贾走贩都知道此地规矩，一块石头换一碗美酒，于是纷纷从梅溪边顺道携来溪石，说是换酒喝，其实也是见她建寨不易，特来相助。

建寨。建一座大寨，重现张家昔日风光，这是那日她站在寨仓顶上迸发出来的想法。这个想法来得如此突然而倔强。恰好那时，风吹走了她的斗笠，引得她来到这一大块平地。她蓦然发现，这是多好的地方啊，方整、平坦，地形呈龟形，还可以听见潺潺水声。别小看这山涧，其实就是梅溪的源头，山势起伏处还有一道瀑布，水珠迸发，凌空飞腾。那么，就是这里了。

一步一步开始。搬来第一块石头，就有了第二块、第三块……那些被溪水冲刷过、形状各异的石头，逐渐越垒越高。高一点，再高一点，春娘请来工人，用大块溪石垒成几米高的墙体，上段还用黏土夯筑，整个寨墙高8米。

遍野的芒，也是极好的材料。将芒秆编织缠绕，再用掺着稻草的黏土糊住，这就有墙了，可建很多间房。木头更不用发愁，漫山的杉树、古树，都可以用。很多时候，材料尚未用到，春娘就提前叫人备好，因为要在最佳时节取材。当地有句话说，七柴八竹，也就是说七月砍下来的木柴、八月砍下来的竹子是最好的，不易生虫。春娘主持建这样一个大寨，自然凡事都要提早盘算好。

也有春娘意想不到的情况。

那天，几位工匠并没有像往常那样勤快地出工，而是坐在一堆石头上抽烟。春娘远远望见，心知不对，悄悄叫来小孙子，对他耳语一番。大约一个时辰后，孙子回来了，带着一个大箱子。春娘朗声道："银元太多，压得有些霉味了，今日晴好，正好晒晒。"箱子被打开了，顿时一片白光，里面是真真切切的银两。工匠们挠挠头，磕掉烟灰后将烟杆收起来，大声嚷嚷，互相招呼着"干活啦干活啦！"

春娘点了点头，嘴角闪过一丝笑意。这银元是她让孙子从张家原先的一个藏宝处挖出来的。张家当年做生意风生水起，赚得盆满钵满的，为防万一，将财宝分散各处掩埋，只有当家的知道。然而，春娘轻易不敢去动这笔存银，建寨，她一贯采取就地取材，勤俭节约，今见工人怠工，万不得已，只好取出一二，以便继续建寨。

寨成那日，春娘命人摆出长长的一排酒食，供人随意饮用。鞭炮声中，春娘第一次肯让孙子扶着她。她的眼角有些湿润，握住孙子的手道："居亨吾孙，张家，可算又有家了。"

张居亨久久凝望着新落成的大寨。

真是一座壮丽的寨子啊。占地1520平方米。寨墙四角为圆弧形，鹊尾脊高昂挺立。最令人感慨的是寨子的防御功能。墙高8米，一楼墙厚3.5米，二楼墙厚0.6米，墙上每间隔一段皆有门洞和枪洞。二楼外墙一圈还有跑马道，就是回廊，可供来回跑动御敌。寨中有主楼，沿寨墙一圈，还有60多间偏房。砌墙的石头虽是形状各异的溪石，但正门和后门，则是精选的大块青石，门板则用黄楮木，厚重坚固。

张居亨心里明白，他的这位奶奶了不起啊，不仅建成这一座可以看得见的寨子，更是在子孙心里建了一座永远的家园。

他在她的言传身教下，修身、树德、勤俭、开源。张家在江西瓷器方面的生意被他续上，再次闯出新局面。

康熙五十六年（1717年），梅溪境内有一喜事：兴翁七十大寿。兴翁即张居亨，兴乃其字。

绮筵华宴，亲朋毕集，称觞高祝，一幅由多位在职官员联合署名道贺的巨幅丝质寿幛，被快马送来。序中称赞兴翁一诺千金，仗义疏财，乃淳庞纯固长厚和平之君子。寿幛周边，用金丝绣着琼玉楼、灵芝、仙桃等吉祥图案。

兴翁命人将这幅贺幛高高悬挂起来。寨中大厅，他微笑而坐，他的三个儿子志敏、志功、志周，两个孙子伯绪、伯合，及其他人等，依次上前顿首拜寿。

三

"还有多远？"

我扶腰，喘着气问前方的张先生。去寨仑顶的路不好走，一路是泥泞的黄土。最后，再没有路了，还下起小雨。

"不远了，就快到了。"不知何时，张先生手中多了一根杉木，他正用这根杉木在前方开路，不断地拗开古藤、斩断尖刺、踏平野草。

没有理由退缩，我抹去额角的汗水雨滴后又跟上。

终于踏上寨仑顶，看到那一截一截的石墙。三百六十多年过去，石墙还有些发黑，似乎仍有被大火烧过的委屈。张家后人，第四十二世的张英海先生，愈发有了力气，他在高大的杉树林间来回周旋，试图找出古寨的四方围墙。

我站在寨仑顶，向下眺望，娘寨就在正下方，周围皆是山峰，得天独厚，真像是被一座山捧在手心里啊。何况附近还有一条瀑布。想来，在后来的宁静岁月，寨中人夏夜敞着门窗，必定是在潺潺水声中入眠。

张先生也平静下来，站在寨仑顶，向下眺望娘寨。

娘寨瀑布/刘建新 摄

"张家原有族谱，公社化年代，娘寨全村搬到三新村集体大食堂后遗失了。现在的族谱是家父张洪新和其他各房一个代表共同整理的，有张孔亮、张必武、张必炎，花了好长时间才整理出来的。"

真是可惜。族谱一旦丢失，再也无法确切还原。后人诸多努力，也只能靠猜测来缝补岁月和风雨留下的缺口。先辈们的披荆斩棘、血泪挥洒以及翩翩风度，只能依稀存在于一代又一代后人的想象与传说中。但有一点确凿无疑，一个女人可以在很大程度上决定一个家族的命运。我手里握着两片树叶，一片是山苍子，一片是古茶树，两者皆有静静的幽香。我就是在这无声的幽香中，仿若看见戴斗笠的春娘，站在寨仓顶。

春娘姓郑，后人尊称她为圣佑夫人，也昵称她为娘娘。她主持建成的寨子被称为娘寨，所在村落名良寨村。

雨势渐大起来。四月的雨，无论多么猝不及防，总是可爱的。大滴大滴的雨珠砸落在树林，青绿的大树也好，鹅黄的嫩芽也好，都在迎接这自然的恩赐，那层层叠叠、高高矮矮的绿，共同组成青山不老。

我们在一场大雨中，慢慢下了山。

娘寨闹元宵/刘建新 摄

尤溪茂荆堡

茂荆堡位于尤溪县台溪乡盖竹村乌岩垄内，清光绪八年至十一年（1882—1885 年）由陈氏族人所建。又名"漈宅厝""盖竹堡"，坐东北朝西南，前方后圆，依山而建，建筑面积约 3000 平方米。

茂荆堡整体建筑依中轴线从西南向东北依次建有前楼、主堂等，两边建有护厝。宅基地前后落差非常大，从后至前的两条宽排水沟将建筑分割为左、中、右三大部分，以底层架空的建筑横向连接，并依据不同层高，安排诸如粮食加工、贮藏、厕所等不同的使用功能。堡内楼道纵横交错，暗门、暗室、暗道比比皆是，跑马道与内楼道为两个体系。前楼高三层，连两侧护厝、角楼，一排十五开间，十分壮观。主堂面阔五间，进深七柱，亦为穿斗式结构，悬山顶。房墙上贴满了上世纪二三十年代的报纸、画报、宣传单、广告、招贴画、课本纸页、条联、红军标语等，反映了当时的社会经济情况，具有一定的历史研究价值。前方山垄处还有两块天然的钟鼓大石，敲击其上，响声不绝于耳，能够起到放哨报警的作用。

茂荆堡整体建筑规整合理、高大宏伟，含有当地民居多种建筑元素，既适宜居住，又有极强的防御性，为闽中尤溪地区的代表性土堡。2013 年被公布为省级文物保护单位。

# ⊞ 高地高门茂荆堡

肖爱兰

　　茂荆堡，又叫"漈宅厝""盖竹堡"，位于尤溪县台溪乡盖竹村东北隅。

　　清光绪八年（1882年）。这一年，蔡锷将军呱呱坠地；这一年，大洋彼岸的达尔文先生闭上了洞察生物进化的慧眼；这一年，何芷舠还在湖北汉黄德道台的任上，次年才辞官退隐到扬州，购买了片石山房并扩建园林，这才有了有着"晚清第一园林"之称的何园。同样在这一年，在闽中海拔700多米的深山中，层层叠叠的峦嶂里，陈氏先祖陈志超、陈高标、陈占超、陈品超四兄弟合力在陡峭的山坡上开山建堡，前后耗时10年，耗资4万大洋。而这座深藏于闽中小山村的古堡，直到2009年第三次全国文物普查期间才横空出世，以

俯瞰茂荆堡／肖爱兰 摄

其高台阶、高平台、高落差惊艳了世人的目光。又因其建筑风格独特，融合土堡、围屋及当地民居等多种元素，引起国内外专家学者的关注。

"据险筑堡以自固"，所谓堡，为土筑的小城，通常指有防守作用的坚固建筑物。清末民国期间，闽地匪患层出不穷，陈氏族谱就有记载："民国丁巳十一月，毒遭邻乡狼狈暗通德匪李金泰侵境，呜呼！……春顾幸存际（漈）宅土堡，全乡男女得其栖身……"而且，为了争夺生存空间，在山界、田界出现争议时，村与村、族与族之间冲突时有发生，甚至还有大规模械斗。况山高林密谷深，匪贼横窜难防，因此宗族大户纷纷构筑土堡，以求保护族人和财产安全。从茂荆堡的选址来看，很显然，当年陈氏四兄弟是将防守放在首位。相传，这半山腰原来岩石成块，险峻陡峭，荆棘丛生，岩顶有小瀑布倾泻直下，故此地又称石漈。左青龙横于案前，右白虎低伏往左相扣，在此处建筑，十分隐蔽。彼时陈氏先祖陈志超行医多年并经营药材生意，已腰缠万贯，便请风水先生立

高地高门茂荆堡 / 肖爱兰 摄

向分金，以艮山坤向，左水到右出庚酉方，率兄弟在石滁上劈石开山建堡。风水先生以山势雄猛为虎，横案为墙，喝形为"猛虎跳墙"，在50米远的右前方，利用天然的岩石，形成虎牙交错状的第一道防御线。主体建筑于"虎额"上，构成"王"字形，俨然是一只凶猛的华南虎欲越墙而出，居高临下，威风凛凛，尚未靠近就已有虎威，其建筑布局、气势是第二道无形的防御线。

山径曲折陡峭，笔者一行人从山脚拾级而上，整整花了28分钟才气喘吁吁抵达土堡的高墙下。堡墙通高8.5米，厚3米，墙基部分有6米高，均用坚硬黑色的大块毛石垒砌。堡墙是红黄生土加鹅卵石夯筑，每隔0.5米用竹条作"钢筋"。堡墙中后部设置碉式角楼，墙体上安置200多个不同高度、不同角度的斗型条窗和30多个竹制枪孔，可以不留死角地迎敌。土堡大门用厚重铁皮包裹，门上方置直径6厘米的错位注水孔，当外敌入侵时，可在注水孔中倒入滚油、开水退敌。相传，民国时期，附近一带的土匪头目曾纠集200多个土匪，把土堡围得水泄不通，用尽土炮鸟铳，终不得入，无功而返。所以茂荆堡还有"铁宅"之称。其实，就算土匪能攻入土堡，堡里人家依然可以安然无恙。因为土堡内还设有密室和逃生通道。密室高60厘米，面积约12平方米。逃生通道仅容一人猫身通过，情况危急时，族人可通过逃生通道逃往后山撤离。

土堡的正大门有一副长长的对联，向导陈仁徕师傅是陈氏四兄弟中老二陈高标的五世孙，他告诉我们，这副对联是茂荆堡落成之日堡主陈志超所题，之后年年除旧布新，文字百年不变："高地建高门，车载马容，高即因高而起致；近山为近案，竹苞松茂，近将就近以图成。"下堂还有一嵌名对联："茂树乘风神做主，荆花映日色成金。"这充分说明筹建茂荆堡时，此处山势高险，树木高大，荆花丛生。荆花在此有特别的寓意，古代常用以比喻兄弟昆仲同枝并茂。陈氏先祖把土堡取名为"茂荆堡"，既寄寓了兄弟同心合建大堡之意，同时也表达了兄弟和睦、子孙繁盛的殷殷期望。如今茂荆堡子孙繁衍400多人，在

茂荆堡全景／肖爱兰 摄

小小的山村里恬淡生息，安意如大地。1997年，因交通不便，留守土堡的最后一户人家也搬到山下居住。从此人去堡空，一帘一帘的烟雨交给了青瓦去记忆，一茬一茬的光阴留给了屋后花台那丛自生自发的油茶花来点数。如今，为了保护祖业，茂荆堡陈氏后人自发组成了保护小组，每年农历七月十六日，共同出资出力，对土堡进行全面的维护和修缮。如今，沉寂多年的古堡逐渐恢复了原有的面貌，到访的游客络绎不绝。

土堡坐东北朝西南，前方凸后弧圆。总体呈二进左右对称递升式建筑格局。中轴线上由前到后依次为堡墙、前厅、中天井、主堂、后花台、跑马楼等。第一进三层楼，底层用于防御、逃生，前方门和右拱门在底层进出；中层为秘室、值班家丁卧室；第三层由15个开间两个进廊组成，通过前廊将厢房和护厝连成一体。中间为前厅，崇尚文武双全，左护厝设为文斋堂，墙壁上还留有当年堡主亲自题写的《春晓》《夏吟》《秋宇》《冬景》诗词；右护厝设为武斋堂，用于教习武学，楼下天井还有他们习武所用的石锁，重80斤。墙顶承托墙屋和跑马道屋架，相对独立的阶梯式跑马道与每个

房间相通。内部采用柱子作为承重结构，这种结构和现代建筑的框架结构承重不谋而合，也是茂荆堡和其他土楼不一样的地方。天井两旁砌有四级石台，每级石台上搭建木阁楼，最高为四层，这在福建古民居中是极为罕见的。

堡内房间共有 108 间。这些房间的墙面上大多贴满了花花绿绿的报纸、广告、美人图。（闽中乡民有用报纸裱墙的习惯，既可防土墙涂料脱落，又漂亮好看。）陈氏先祖的药材生意做到了福州等沿海城市，与外商也有生意往来，从外地带回了大量的报纸。所以，我们在墙上居然看到 1928 年 1 月 28 日的美国洛杉矶英文报，整整 18 个版面。此外在墙上我们还看到 1930 年《三民主义》宣传报、1954 年的香港《大公报》，还有民国十八年（1929 年）的《闽报》、民国三十四年（1945 年）的《东南日报》，1976 年的《福建日报》等。报纸时间跨度从 20 世纪 20 年代到 70 年代。

后花台跑马道 / 肖爱兰 摄

最值得一提的是，当年陈志超兄弟从医发家，此后代代崇医尚医，我们在斑驳的糊墙纸上，看到民国时期孔祥熙任国民政府工商部部长时颁发的药材经营"营业执照"，还有"国际贸易管理局出口（进口）登记证"，证号071029。此外，更有用小楷规整抄录的医典、脉经，占了大幅的墙面。当年，是谁抄下了这些医典、脉经并张贴到墙上呢？也许是某个初秋的午后，堡主站在正厅，目光沉静，环顾四周，天井里几丛黄菊白菊正开得热闹，蜂蝶在枝头闹

守望古堡／肖爱兰 摄

嚷嚷的，红冠大公鸡偏着头踱步，老狗趴在石阶下懒洋洋地打瞌睡，夕阳照得满院子暖意。他感到很满足，甚至富足。"古来不见天落米，四脚耙地土生金"（尤溪民谚），是啊，哪有什么是可以不劳而获的呢？采药行医，耕田种地，哪一样不得费尽心力？只有勤奋、踏实，日子才会越过越好的吧。于是他叫来学医的几个子侄，令他们磨墨铺纸，工工整整地抄录医典、脉经，并张贴到卧室墙上，早晚背诵。家学传承，如今陈家子弟从医者依然有十数人。

茂荆堡依山而建，堡前堡后落差高达 31 米，外形颇似西藏的布达拉宫。站在十堡对面的案山看土堡，茂荆堡依地势而建，从前门始算，共有七个层阶，形成了厢房三个递升房顶、护厝四个递升房顶。跑马楼从左右两边向中间十个递升房顶，同时也形成了两条通沟 10 米的巨大落差。屋脊层层迭递又错落有致，极具韵律感，仿佛一阵风拂过，青瓦翕合，庄重悠长的乐声便在山谷里响起。

当大雨瓢泼，干净激烈的雨点击打在层层青瓦上，那应当是海顿的《D 大调伦敦交响曲》吧？云来雾往，千壑生烟时，那堆得高高的稻草垛、刚砍下的黄豆秆在浓雾中时隐时现。听啊！此时分明有黑管袅袅而起，那是德沃夏克的《第九交响曲》啊。

　　而站在堡墙的前楼往下看，右边是满山的芒草、金樱子、野蔷薇柔软地舒开，从山巅到低谷，从低谷到溪边，左边是毛竹和杂树林。初春的阳光下，那种新绿萌发的油润和明亮，那风的柔和，还有那潮湿的土地逐渐向上蒸腾的温热，都在同时渗进了我们的肌肤，仿佛我们和这座古堡一样，就这样站在高高的半山腰上，变成了一棵安宁的大树。几只燕子攀升俯冲，嗖地穿过窗棂，飞进天井，迅疾的小身体闪着灰青的光彩，胸前的羽毛要贴到我们的头顶。斯景斯情，笔者遂作诗曰："旧时庭院旧时花，风送竹影过篱笆。春燕不知人尽去，衔泥犹入旧人家。"同行的纪优梓先生和诗："高地高门旧人家，竹苞松茂据山崖。荆树犹记旧时愿，年年千枝发万花。"

茂荆堡夜景／冯木波 摄

# 尤溪公馆峡民居

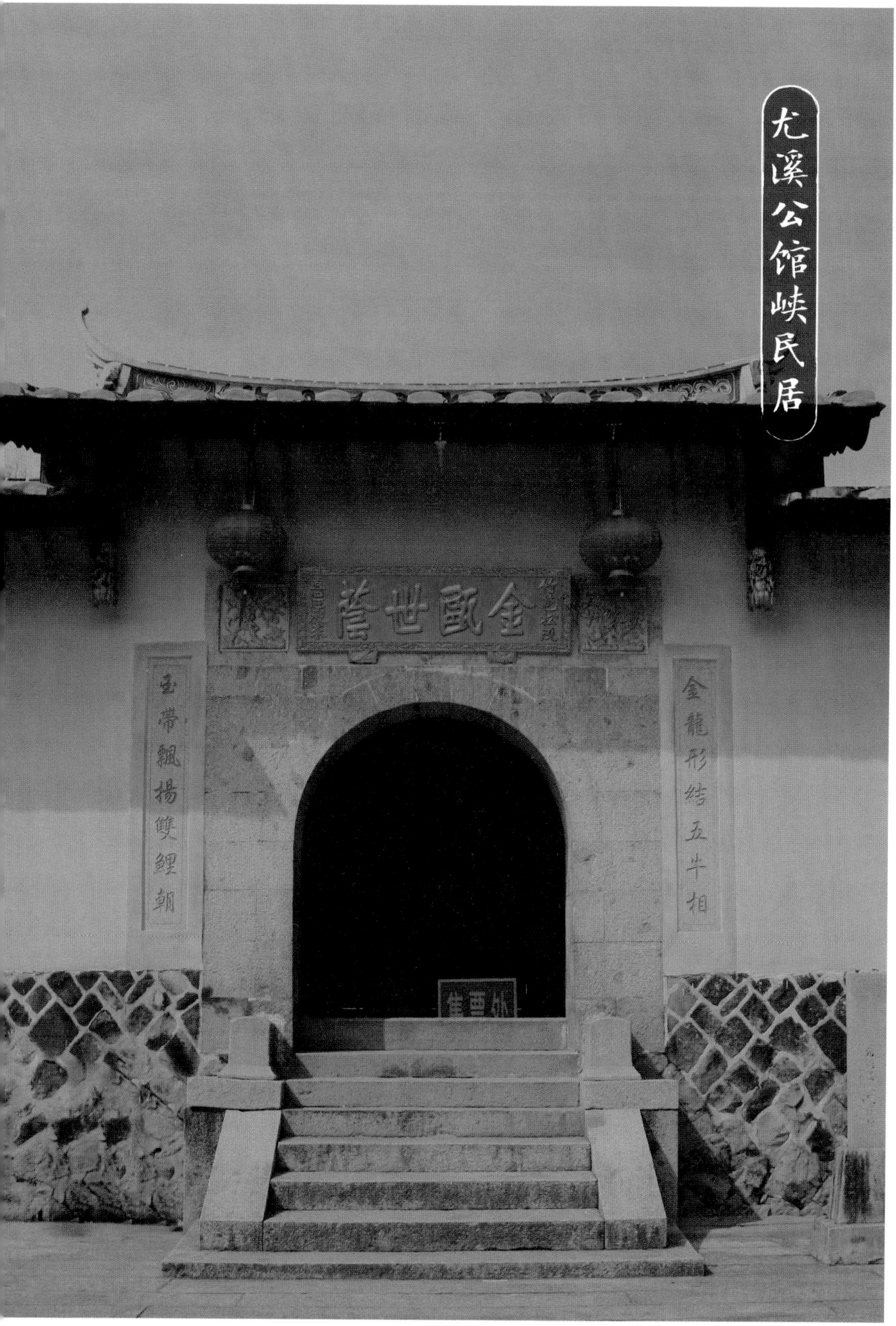

公馆峡民居位于尤溪县新阳镇双鲤村，亦称"卢公馆"，由闽西北军阀卢兴邦于1922—1926年间兴建。坐北朝南，平面呈横向长方形，通面阔约80米，进深约42米，占地面积3150平方米，建筑面积2194平方米。

公馆峡民居中轴线上由南向北依次为门坪、门楼、下堂、正堂，两侧为双重护厝、过水廊桥、碉式角楼和悬空哨楼。大门为石砌拱门，额书"金瓯世荫"。门楼单层，面阔九间。两侧建有当地人称的"姐妹楼"，为卢家小姐闺阁，面阔三间，进深五柱，三层歇山顶，巍峨壮观。下堂面阔九间，进深五柱；天井两侧厢房面阔两间，进深三柱。正堂面阔九间，进深八柱，当心三间作厅堂，梢间隔为两层。天井两侧厢房面阔三间，进深三柱，每间屋面逐级迭升。正堂后为毛石垒就的三层花台。两侧各布三座过水廊桥和两层外围护厝，周边还建有军营、武器库、办公楼、小学校、桥梁等相关配套建筑。民居内还雕刻有极具装饰性的窗花图案，数量众多、题材丰富、保存完整，大多出自名家之手，将整座民居衬托得富贵而又精美。

公馆峡民居规模宏大、布局巧妙、功能齐全，集大型民居、堡楼、兵营为一体，为闽中尤溪地区近现代建筑中的精品之作。2009年被列入省级文物保护单位。

# 金瓯世荫卢公馆

纪炳琪

从尤溪县城出发到双鲤卢氏公馆，不远，驱车半个小时可抵达。一路上，满目苍翠，及至村口，不断有提示进入双鲤村的标记，转弯处，一座半边屋檐，上写"中国传统村落——双鲤"。几步远，一座仿古山门矗立于道路中央，路从门中过，门额正中书两字"壹门"。在三岔口处立一块巨石，镌刻着"公馆峡"三字。此刻，已进入卢公馆。

## 闽山中的"王宫"

卢公馆，系闽西北军阀卢兴邦于1922年始在新阳镇双鲤村兴建的公馆，聘请各地能工巧匠，耗费巨资，到1926年建成，当地人称之为"公馆峡大厝"。

双鲤村全景/张宗铝 摄

263

卢公馆全景／黄在锦 摄

《尤溪土堡》一书将卢公馆归为防御性庄园土堡类。

卢公馆坐北朝南，南面有一大两小三个门。大门居中，为一券形门楼，门的两旁对联为"金龙形结五牛相，玉带飘扬双鲤朝"。券顶部安置门额，额上为金字行书"金瓯世荫"四个大字。公馆主体建筑是三进式单檐歇山顶土木砖石结构，中轴线上依次为下堂、中堂、正堂，三厅堂之间留有四方天井，天井左右各有三间厢房，周边有回廊相连。四面筑有堡墙，堡基用河卵石垒成。下堂正立面左右两旁，各建有一座对称的"姐妹楼"，为三层歇山顶式建筑，并高出中间主体房屋，呈中间低、两边高的"U"字形状，显示卢氏公馆的威严肃穆。外面有两扇小门直通"姐妹楼"。据说"姐妹楼"为卢氏小姐诗书女红用房。在公馆正面右端有碉式角楼和悬空哨楼。卢公馆建成后，卢兴邦又在其东面建起兵营、武器库，在其左后角建起一座炮楼，显示出握有兵权的师长之家的与众不同。"文化大革命"中炮楼被拆除。看护卢公馆的老者讲，在西面原有一座炮楼，与"姐妹楼"齐高。

故居整体为土木砖石结构，雕梁画栋，雄伟壮观。窗花独具特色，以人物、飞禽、花卉图案和"吉祥如意""龙凤呈祥""福寿富贵"等隐形表意纹饰为主，作品大多出自名家巨匠之手，造型准确，刀工细腻，雕刻精湛，栩栩如生，具有较高的艺术欣赏价值。

卢公馆占地面积很大，共有房屋 99 间，是卢兴邦在双鲤的开基祖宅。据看护公馆的老者说，卢公馆最初建筑十分庞大，卢兴邦曾在公馆峡建了四座私宅，现在所看到的卢公馆只是其中一座"崇仁堂"。原本挨着崇仁堂的还有安仁堂、同仁堂，一直到峡头的敦仁堂。安仁堂和同仁堂在"文革"时被拆除，建为村部大楼、电影院和供销社。卢公馆是堡氏民居，高堡墙、高碉式角楼、悬空哨楼，集安全性、攻防性、欣赏性于一体，规模之大，可以称得上是闽山之中的"王宫"。可以想象，当初这四座庞大的黑瓦白墙堡式建筑在双鲤这个小村落里，是何等的壮观！

说公馆，都绕不开公馆的主人卢兴邦。据作家萧春雷《卢兴邦传奇》评论，"即使在福建历史上，卢兴邦也是最富有传奇色彩的人物之一。34 岁时，他还是尤溪县贫无立锥之地的一介草民。他做五十大寿时，萨镇冰、周佛海等人为之祝寿，何应钦夸他'天生奇人迥异才'，蒋介石送来'合庆百年'的寿匾。古人云：三十年河东，三十年河西。从河东到河西，卢兴邦只花了 15 年"。

卢兴邦出身贫寒，早年失怙，好赌，落草为匪，后加入国民革命军，历任团长、旅长、师长、军长。卢部将士参加淞沪抗战，4300 多名官兵献出血肉之躯。卢兴邦主政期间，辖区内大力倡导文化教育，先后在南平创办闽北中学、延平小学、福州协和大学，在尤溪先后创办公立师范学校、崇文高等小学等，全县共办有 20 多所小学。中堂的一副对联倒也概括得恰如其分："治权在手兴文倡学诸都书声朗诵，国恨填膺抗日捐躯淞沪血雨悲歌。"

风云人物终消散，是非功过后人说。1945 年 9 月 17 日，卢兴邦病逝于卢公馆。现仅存的这座大厝，于 1992 年被列为尤溪县文物保护单位，2009 年被省政府列为省级文物保护单位。

## 老百姓的住宅

初夏时节，天气炎热。阳光下，卢公馆的屋顶白灰勾瓦缝，亮堂堂，厚重的围墙，白花花得耀眼。公馆下埕铺满花岗岩石板，错落有致，历经岁月的洗礼，显得光滑锃亮。修葺一新的卢公馆，少了些沧桑岁月感。

穿过券门，顿觉凉爽，仿佛安装了空调。不逢节假日，少有人来参观，倒有前来纳凉的村民。村民对卢公馆不感兴趣，或许司空见惯了，就像"久住之地无风景"一样，他们在回廊的椅子上静静地坐着，或许在追忆卢公馆里的血雨腥风和炊烟袅袅。偶尔村民也会凑上来说说卢兴邦的遗闻逸事，尤其说到馆内哪里有银子被挖，更是兴味盎然。卢公馆里的故事通过村民口口相传开来：有的人带来探测仪器寻找金银财宝，偷偷挖地三尺，也一无所获。有的人动手修复一块掉落的方石，掏掏里头的土，碰触到一瓮，抱出，打开一看，却是银子，得来不费功夫。

现在，中轴线上的每间居室都布置成展览室，卢兴邦的生平事迹概括在一张张白纸黑字上，其间配有黑白照，挂在墙上。中堂居室四周有展台，台内陈设着各类文物，如卢兴邦因军饷困难，在尤溪发行的"广豫"纸币和铸造的"黄花岗"银角，以及卢兴邦用过的一些器物等。

其实在尤溪解放后，卢氏家族土崩瓦解，公馆内人去楼空。新中国接管卢公馆后，把房屋分给贫苦农民居住，最多时住有三十余户百余人。据说，最初入住的居民时常走错屋，上公馆找亲戚的人更是时常找错门。偌大的公馆，左右对称，庭院深深，初入者如进迷宫。有说，当时淘气的孩子为了躲避父母的

姐妹楼/张宗铝 摄

打骂，躲藏在"姐妹楼"的楼梯下，父母和亲朋好友找遍公馆，从傍晚找到深夜才找到孩子。

过去，卢公馆也显得热闹。人民公社成立生产队时，卢公馆成了双鲤大队"东方红"生产队的队部。这里曾办过竹编厂，上百位女工齐聚在这里，编织各色精美花篮、花灯等工艺品，远销国内外。当然，卢公馆的下埕，不论是在风雨飘摇的岁月，还是在云淡风轻的日子，都是热闹非凡。现在，村民们在下埕跳起了广场舞，音乐声中，灯光下，村民们一脸自豪。

如今，慕名而来的基本上是游客。双鲤村正在推进美丽乡村建设，对公馆峡民居进行维修与规划，对接九皇山自然保护区、双鲤湖和"我家在景区"乡村生态旅游，慢慢积攒人气。其实卢公馆本身也是一个极具潜力的旅游资源，馆内陈设尽力做了复原：中堂门口悬挂一块中华民国二十八年（1939年）蒋介石亲题的"抗日有功"匾，正堂入门上方挂有孙文的"天下为公"匾，内堂悬挂卢兴邦像，像的上方有蒋介石送的"合庆百年"寿匾；厅上按当年的样子

摆放着座椅……护厝的屋内墙上布满卢兴邦生平事迹介绍展板。

在公馆峡，卢兴邦如此大兴土木，是因为他笃信风水。看护公馆的老人说，公馆峡是风水宝地。公馆前的溪中有两块巨石，犹如欲跃龙门的双鲤。公馆峡周围的山势如同五牛竞奔，寓示飞黄腾达。于是卢兴邦便在此建起了卢公馆和其他建筑。除了山体天成外，卢兴邦还为卢公馆经营风水，他硬是叫人挑土填方，将宅后的山凹堆起一座人工山包。又嫌房前道路人来人往破了他家的风水，强行将房前道路改道。20世纪70年代修建"村村通"公路时，道路复通，这样便有一条公路在卢公馆北面的堡墙边"擦肩而过"。

不论卢兴邦，还是卢公馆，在历史的悠悠岁月里，围绕卢兴邦的传奇经历、逸事趣闻和卢公馆的沧桑巨变，都是一个让人言说不尽的话题。

从双鲤潭远眺卢公馆 / 黄在锦 摄

沙县水美双元堡

双元堡位于沙县凤岗街道水美村，又称"慎修堂"，由张氏族人建于清同治元年（1862年）。整体坐西朝东，前方后圆，占地面积约6500平方米，建筑面积约5380平方米。

双元堡依山而建，前低后高，由围合堡墙及角楼、下堂、正堂、后堂、护厝等组成。外墙石砌墙基，上筑夯土墙。前堡墙正中开石拱大门，底层墙体实心，二层为进深一间的跑马道。堡内房舍在结构上基本是独立的，只有几部楼梯连接着三堂四横式大屋与外围墙。下堂面阔五间，进深五柱。天井两侧厢房面阔三间，进深五柱，辟为书院。正堂面阔五间，进深七柱，设太师壁。后堂面阔五间，进深七柱，高二层。厢房呈阶梯状抬高，各屋檐交错有序，构造巧妙。二层楼上还开有圆形和扇形窗洞，为土堡增添了些许园林元素。下堂、正堂、后堂两侧砌防火墙，墙外侧各建一排护厝，护厝高二层，二楼与堡墙的跑马道相连。后堡墙为大半弧形状，共三层，底层实心，二、三层为跑马道。前堡墙左右两角和后堡墙中间建碉式角楼和小望楼，地板上铺设长方砖，能够起到防火作用。

双元堡规模宏大、布局严谨、建筑精美、保存完整，融合了多类型土堡的建筑特征，是沙县地区的代表性土堡。双元堡为水美土堡群之一，2009年被公布为省级文物保护单位。

链 接：

水美土堡群：由双吉、双兴、双元三座土堡组成。双吉堡又称"敬德堂"，双兴堡又称"致美堂"，双元堡又称"慎修堂"。三座土堡均布局严谨，木构件雕刻精美，保存完整。

# 双元堡：三明府第式土堡杰作

罗榕华

初冬的午后，在沙县城西 7.5 千米处的凤岗街道水美村"岭美乾"，我与一座名曰"双元"的土堡相遇。

青山环抱，土堡卧如长龙的身躯，从山垄间由西向东逶迤而出，耸立于山岗坡地之上。黄土、白石、青砖、黑瓦，厚重坚实的门洞、布局精巧的门扉、

俯瞰双元堡全景 / 罗榕华 摄

千回百转的回廊、栩栩如生的木雕、硬山式重檐屋顶、气势轩昂的风字形高防火墙，土堡携一身幽雅的古意蹒跚出场。斗拱、梁枋、雀替、石阶、石花架、太师壁、防溅墙、梾花格轩窗，恰如一卷卷古香古色的线装书，无声无息地在眼前舒展。

走进土堡，不要担心在巷内迷失，因为每条巷口都有阳光指路，那些温暖的丝线，如张力的触角，在深廊狭巷间随意延伸，一会儿在青砖石板踱步，一会儿攀上花窗门楣，一会儿爬出瓦楞，一会儿跨过屋

主屋／罗垣华 摄

顶，醉人的酡红将眼前的黑暗一点点湮漫……这样的光影，也许是对闯入者忆旧序幕的渲染吧！光线从两排房子间窄窄的天缝、跑马道的罅隙、廊庑的腰身挤了进来，明明暗暗，氤氲着年代久远的气息。两只小狗、几只母鸡在屋角追逐戏耍，扑腾起的尘土肆无忌惮地在弄口檐廊间穿梭，这些从清代同治年间沉积下来的泥土，部分已经脱离了"三合土"的禁锢（据传，为加强泥土的黏性，建堡时在黄土中掺入红糖水、蛋清和熟糯米浆等物质，俗名"三合土"），松散开来……主屋鲜亮的油彩已经淡化，透出杉木的质地；几张"文革"时期的《人民日报》与当年下乡知青涂鸦的打油诗，顽强依附在阁楼隔断墙上，显得落寞孤寂。幸好，正堂两侧与厅前柱上的纸联——"立修齐志，读圣贤书"，"日月两轮天地眼，诗书万卷圣贤心"，用它们耀眼的红色和摇曳的喜气，向外传递着鲜活的气息。

一个人走进土堡，陷于古旧里，让时光之手触摸旧时的门窗、轩廊、照壁、屏墙。髹漆雕填、彩绘烁金，浮华曾经在这里肆意绽放。悠长的跑马道内绕一圈，衍墙而生，狭长的围道是否依稀回响着当年牲口驮茶叶的铃铛声？青条砖砌置的 400 平方米露天空坪，又曾经承载着多少妇女晒茶拣茶时的欢声笑语？中堂天井南北两侧的书院当年一定书声琅琅，架金属边圆眼镜的授业者老八成也正端坐在讲台前摇头晃脑。崇文重教、耕读传家是古人俭朴的民风。沙县人亦长期承受着儒家思想的影响，即使是平民百姓，也懂得"学而优则仕"的道理。他们笃行"家贫子读书"的风尚，相信读书能改变命运。而那些在商道上打拼多年、深谙"读书明理、经邦济世"的商人，他们更熟稔大丈夫"仁中取利、义中求财"的商道精髓，懂得"儒为名高、贾为厚利"的处世哲学。所以，他们设置家塾、私塾、族塾往往不遗余力。事实亦如此，水美张氏家族人才辈出，有捐纳从九品三人，贡生五人，太学生、庠生各二人，获取县丞七品、六品功牌、同知五品、捐纳国子监各一人。双元堡主张洵第于道光二十七年（1847 年）岁试，取进沙县县学第五名；咸丰四年（1854 年），由附加捐贡生；至 1859 年，再由贡生加捐正五品同知衔。

土堡前方后弧，暗合"天方地圆"。天井下的斗形（日进斗金之意）石花架摆着几盆妖媚的小花，却再难觅那身着古装的养花女子婀娜的身姿。石花架两侧摆放直径两米之青黄釉彩绘大水缸，既可防火又能养鱼。下堂大门分别贴着"文经""武纬"，左右立柱悬木镌楹联，内容关涉张氏家训，曰"百忍绍家风，两铭绵世泽"（"百忍"典出唐张公艺，"两铭"出自北宋张载《东铭》《西铭》），横批"惠迪吉"（出自《尚书》）。若不是 1959 年大炼钢铁，那些曾经用来烧开水，从灌水口倒入以阻止兵燹与匪患的超级大铁锅可能还存在……排水沟照旧，上出水孔石镂葫芦，寓意"福禄"，让人迎面见吉；下出水孔铜钱纹装饰，意为"守住钱财"，"肥水不流外人田"。半弧石拱门洞依旧坚不可摧，石阶青苔葳蕤，门外草木葱茏，只是旧主不再归来。

乾隆年间，张氏先祖张广志从安溪县一个叫蓬莱镇岭美村的地方出来，徒步携四个男孩（最大 17 岁，最小 12 岁），到处寻找适合自己的发展之地，最后选定了延平府沙县九都垄东水尾岭美乾这个地方，遂举家迁徙来定居。选择同样名叫"岭美"的地方定居，绝非巧合，多少有思乡情愫在起作用。广志最初以养鸭牧羊谋生，发展到"钟"字辈第三代，转为种植和经营茶叶，并由此发迹，到第四代张洵第，财富累积至极。

遥想张氏先祖当年从安溪走出，为讨生计背井离乡几百公里，需要多大的勇气？几代人从种植加工茶叶为生到兼收外销周边茶叶发家，最后成一方巨贾，创下了这份家业，个中艰辛坎坷，亦难尽说。民间传言，张洵第偶然结识沙溪水匪头目，在往返福州、沙县的水运船上插一面"黑龙堂"的标识旗，一路畅通无阻。后来，茶农贪利，将树叶掺杂于茶叶中，鱼目混珠，以致张家信誉受损，生意一落千丈……而今浮华退去，富贵如过眼烟云，只剩下土堡孤零零趴卧在山岗间低吟诉说……

晚间，我没在土堡滞留过，也难以想象月朗星稀之夜，清辉之下，古堡的主人，一袭长衫，轻捋髯须，于庭院内或闲庭信步，或碗茗炉烟，或聚友小弈，或纳凉众议……闲情逸趣需要心境的释放。西、南、北角楼与跑马道一圈共 58 个射击孔如一只只瞪着的惶恐又蛊惑的眼睛，会掠走心头刚升起的那一点点诗意，让人觉得危机四伏、后脊生凉。眼前的这个土堡，它为避乱而建，在那兵荒马乱的年代，它是生命和财产的"避难所"，7.9 米的高墙，2 米宽 1 米深的外墙壕沟，2.9 米高 3.5 米厚的毛石基础，1—2.5 米厚的三合土夯墙，一串冰冷的数字见证土堡体形的魁梧与质地的坚固。东向门洞用坚实的子母石和花岗岩砌置，竟高达 3 米，深至 3.75 米，门额上阳刻楷书四个大字"奠厥攸居"（语出《尚书·盘庚》，意为奠居正位），落款为"同治元年立"，刻字用蜡浸铁锈汁填描，色泽日久不变。南北偏门洞上方分别镌刻"磐安""巩固"，诠释着主人对平安的祈愿、对安居乐业的渴求。事实确是如此，数十年的动乱和战火，丝毫没有动摇土堡屹立的信念，近160年来，她一直矗立于尘世之中。

双元堡住户最多时达50余户，假如粮草充足，堡内可供二三百号人生活三个多月。这样的古堡，盛满繁华与沧桑，还有繁复的故事。土堡就像一位饱经风霜的谦恭老者，默默承载着各种的悲欢离合：匪患猖獗的恐惧，"土改"翻身的喜悦，"农业学大寨"的热情，下乡知青思家的幽怨，唱大戏聚众的热闹……在这占地6500平方米的土堡里，有99间房、12个大小厅堂、8方天井，曾经人影绰绰、人声鼎沸。更让人惊奇的是，双元堡是由福州官办设计局设计，并由当时专业建筑工程队承建的。也就是说，双元堡是沙县最早按图施工的建筑，且因其集闽东、闽中、闽南传统建筑风格于一身，故堪称是三明地区古建筑之杰作。

前大门 / 罗榕华 摄

北侧门 / 罗榕华 摄

屋顶重檐 / 罗榕华 摄

除双元堡外，不远处还有双吉、双兴两座土堡，三座土堡呈"品"字形分布，形成了三明地区唯一的"聚建"式土堡建筑群。三堡分设慎修堂（慎厥修身之意）、敬德堂（积德行善之意）、致美堂（渐臻完美之意）。各始建于清同治元年（1862年）、道光二十七年（1847年）、道光二十八年（1848年），双吉、双兴比双元早竣工。让人惊讶的是，三座土堡均为张氏所建，后建者的规制均超前者，双兴是双吉的2倍，双元是双兴的1.5倍。《安溪蓬莱张氏族谱》记载着水美土堡群的"诞生"与"成长"：七八郎公十三世孙张广志于乾隆三十九年（1774年）二月初六率四子元知、元齿、元叟、元曹移居延平府沙县九都垄东水尾后底乡……广志的四代孙洵华率诸弟（洵第、洵秀、洵章）建造双吉堡，三代孙钟彩（洵华堂叔）兴建双兴堡，四代孙洵第建双元堡，历时13年……因此，可以毫不隐讳地说，水美土堡群载录着清河郡张氏一族的血脉传承，也承载着水美张家的一份历史和荣耀。

水美土堡，伴着一份古朴、雍容与沧桑，安详地卧在青山绿水间。她静静地从历史的长河中走来，又将悄悄镌进亘古的岁月里去……

三元松庆堡

松庆堡位于三明市三元区莘口镇曹源村底曹源自然村，亦称"底曹源土堡""林氏土堡"。始建于清乾隆年间，咸丰年间改扩建，光绪年间曾修葺过。该堡坐南朝北，平面近乎椭圆形，占地面积近 3500 平方米，建筑面积约 3250 平方米，共有大小房间 100 余间。

松庆堡依山而建，楼宅平面分成三层台地，三级落差约 8 米。设三面堡门，分别是主门、辅门和逃生门。主门开在角楼旁的空坪上，利于防御。大门两侧为阶梯状夯土围墙，墙基毛石砌筑，墙体红土夯筑，坚固厚实，每隔一段距离设有射击孔和防火水槽。门楼和角楼建在东北角，均为二层，前后错开呈矩尺形，角楼在前，门楼在后。堡内建筑不讲究对称，建有倒座、前堂、中堂、后堂及两侧护楼，均为穿斗式木构建筑，环建筑周围设有宽约 0.7 米的水沟。堡墙上跑马道呈阶级状敞开式，后部最高部分为平直屋面，两侧逐级迭落 17 级屋面。

松庆堡建筑风格朴素简洁，别具特色，几乎没有什么雕刻，且布局随意，不讲究对称，门楼及堡内主体建筑均不在一条中轴线上。此堡为武夷山脉与戴云山脉之间的代表性土堡。

## 松庆堡：藏在身边的古堡遗珠

李耿源

　　"俗眼不知青琐贵"，松庆堡，它的确是一颗藏在身边的古堡遗珠。或者说，是我曾经熟视无睹，有眼不识珠。

　　前年冬，受大田县桃源镇朋友相邀，去游历了大名鼎鼎的安良堡。友人说，安良堡的规制和松庆堡类似，只是松庆堡的建筑年代更久远。或许安良堡始建时，仿制了松庆堡也说不定呢！

　　松庆堡？未曾听闻三明有这土堡呀！它竟然还是"安良堡之父"？

　　友人说，它就是俗称的"底曹源土堡"，位于三明市三元区莘口镇曹源村底曹源自然村。

大山里的松庆堡 / 杨为春 摄

什么？！我的内心掀起了惊涛骇浪。我的老家，就在曹源村的隔壁村，二者同是点缀在三元格氏栲国家森林公园边上的两个美丽乡村。三元旅游部门所打造的"百年栲、千年寨、万年居"（格氏栲、十八寨、万寿岩）旅游线路，正好穿过这两个村。而我每次回老家，在到达底曹源时，眼睛往车窗外一瞥，就能望见那座静卧于不远山腰处的底曹源土堡。

不说上万次，瞥过它成百上千次总是有的，却从未停车移步去亲近过它。没想到，它比安良堡更古老；没想到，它有自己的大名，曰"松庆堡"。

从安良堡回来后，我就迫不及待地拜谒了松庆堡。

如果硬要和安良堡相比，初识松庆堡是会让人有点失落。它一直籍籍无名，当你走近它时，第一印象是沧桑与破败，根本无法对之一见钟情。

从三明市区驱车，往三元格氏栲森林公园方向行驶 20 余千米，在距格氏栲还有 4 千米左右的长深高速公路旁，就可远远望见松庆堡。往古堡的方向拐进一条小路，有一处新建的停车场，停车场中间立着一块写着"松庆堡"的石碑。这儿，是远眺古堡的最佳地点。目光飞越梯田山垄，便可看见青山翠竹掩映下的古堡全貌。

古堡坐南向北，安详地斜靠于山坡上，外墙为前低方形，后高弧形；东西外墙随山势起伏而筑，左右对称分别在墙上盖有依山势逐层向坡顶提升的 17 层悬山屋顶，最低处和最高处为平直屋顶。左右两边屋顶层层叠叠，犹似两条巨龙将古堡合围怀抱，黄墙灰瓦，蔚为壮观。

与安良堡或其他类似土堡大门位于前围墙正中不同的是，松庆堡的前门在堡的右侧，即土堡的东北角，且内凹砌置，这在福建土堡中较为鲜见。据称，因土堡建在山坡上，大门设于此便可留出空坪，使生产生活有回旋余地。

大门为两指厚的木门，门内两侧有两排供人休息的石凳。在这里居住的 70 多岁林老伯便坐在石凳上，他招呼我吃橘子或抽烟，还喝止了正冲我狂吠

层层叠叠的悬山屋顶／杨为春 摄

的两条狗。他说，他祖祖辈辈都住在这里，是堡主林氏先祖的后裔。

在围墙左侧中下部有侧门，是为辅门；在后围墙最高处有后门，常年关闭，是为逃生门。

堡内的房屋，多为木构建楼阁，为二进一堂三厅，不讲究对称，并且前围墙内的厅堂出现倒座现象。此外，内空坪、下堂、天井、后堂、厢房、护厝、后花台，还有仓库、水井，一应俱全。林老伯介绍说，清时这一带时有匪患，土堡的主人即林氏先祖为了保护族人，修起了这座堡垒，曾建有大小房间100多间，最多时住林氏族人20余户。当受到土匪骚扰时，附近的村民也大多到这里避难，最多时可以住300余人，在不出堡的情况下，仍可维持生计数月。现仍有5户林氏村民居住。

堡内房屋，无雕梁画栋。不过，除了大门内凹砌置、厅堂倒座特别之外，整座堡的另一独特之处，是围墙。

据《林氏族谱》记载，此堡始建于清乾隆年间，咸丰年间改扩建，光绪年间修葺过。现所见围墙为后期改扩建时，用毛石砌置基础、含粗颗粒砂岩的红土夯筑墙体。堡墙分内外两层，外墙高4米左右，厚0.4米，内层含跑马道和

瞭望口／杨为春 摄

一米宽的跑马道／杨为春 摄

内墙，最厚处达 1.5 米。从大门处攀木梯上外墙与内墙之间的走道，便是跑马道。内外墙和跑马道为一个整体，上方盖的便是那 17 层悬山式木梁木柱灰瓦顶，保护着一整圈的土墙免受雨打水蚀。在安良堡，跑马道里侧建有木质廊屋，平时用来储存粮食，战时可作"避难所"；而松庆堡显然简陋了些，无廊屋，只有跑马道，完全是阶级状敞开式。

松庆堡围墙四面八方均有窗口，外窄内宽，主要起观察敌情的作用，称为瞭望窗。指挥者可通过瞭望窗，及时了解外围情况，指挥作战。还有许多埋在墙体中的竹筒，是当年堡内的人用来作射击孔，射击时既便于瞄准，又可免受外敌射击，保护射手安全。

走在松庆堡的跑马道上，拾级或驻足，冬日暖阳正斜洒于黄墙灰瓦上，似是凝固的沧桑岁月。这时，你会发现，也许是我们冷落它太久了！

也许它没有安良堡、芳联堡、安贞堡等这些国家级文保单位那样有着奇特的建筑艺术、深厚的文化底蕴和生动的传奇故事，但它风格古朴，结构也有其独树一帜的魅力。不仅如此，它就在市郊和高速公路旁，又在"百年栳、千年寨、万年居"的黄金旅游线上，实是遗落在我们身边的古堡明珠。

只要你不似我这般"俗眼不知青琐贵"，松庆堡，它定还有更多的秘密与故事，等着你来探索与发现。

永安安贞堡

安贞堡位于永安市槐南乡洋头村村北，亦称"池贯城"，由池氏父子始建于清光绪十一年（1885年），历时14年方才告竣。整体建筑坐西朝东偏南，平面前方后圆，建筑面积达6000多平方米。

安贞堡建筑格局由周围部分、外围部分、连接部分、中心四合院等组成。周围部分由数百米石铺进堡小道、堡前水池、两侧风水门、矮墙、堡前大空坪等组成。外围部分包括护厝、围屋、前院、前楼、碉楼和堡墙。护厝、围屋、前楼的一、二层前檐廊均相连相通，形成两圈走廊。二层沿墙周环约1.5米宽的跑马道。连接部分位于外围部分和中心四合院之间，由连廊、桥厅（过水廊）等组成。中心四合院位于堡内中央，包括下堂、上堂、厢房和厨房、餐厅等。土堡依地势分四个台基布建，中轴线对称布局。梁架结构正堂为抬梁、穿斗混合式，其他为穿斗式。屋架与屋面为重檐悬山顶，层层迭落，脊饰角饰精致，显示出高超的工艺水平。大门外是宽阔的三合土大空坪，三面围以短垣，是旧时子弟的练武之地。堡内保存有大量彩绘壁画，生动夺目，题材包括山水、人物、动物、植物等；堡内的斗拱、垂花、雀替、屏风、隔扇、柱础等处也有大量雕刻，华丽精致，极富艺术价值。

安贞堡在建筑规模、建筑质量、建筑艺术等方面均独具特色，为福建山区典型的堡居结合型土堡，也是清代大型围屋院落式城堡民居之代表。2001年被公布为全国重点文物保护单位。

# 🏵 百年安贞堡

洪顺发

安贞堡，今天，我是你的客人，你将把你的丰姿神韵和底蕴秘藏拿出多少来呈现给我呢？

撑一把雨伞，潇潇秋雨中，走在通往安贞堡的乡间小路上，我这样想。岚烟淡抹，微雨空蒙，清新润泡，阡陌边田野里晚稻已经低垂了穗头，一片静谧的鹅黄色。

来访之前，就听朋友介绍过你：乡绅财主池占瑞、池云龙父子苦于清朝末年鸡犬不宁的匪患，耗资万两，大兴土木，积聚，凝化，历时 14 载建成。另有一说法是池占瑞诚信有德，代管一笔资财。不久，巨款失去主人，池占瑞为

高石基的安贞堡 / 刘冬春 摄

285

安贞堡全景／罗联永 摄

287

层层迭落的弧形围屋 / 罗联永 摄

乡里族人的安危着想，动用巨款兴建土堡。两种说法，只是资金的来源有别，并不影响今天安贞堡的存在。

安贞堡，一座古堡，实际上是一个建筑群，包括生活起居用的厨房、水井，怡情修养用的书房、壁画，抗敌用的环堡跑马道和射击孔等，浑然天成。全堡计有厅堂 18 个，厨房 12 所，水井 5 口，瞭望窗 96 个，射击孔 196 个，房间 368 间，建筑面积达 6000 多平方米。如此庞大的规模，不论从哪一个角度切入，都会有许多可观可赏的东西，有许多可听可道的或轻松或沉重的故事传奇。

小路转过一道山梁，烟雨中，模糊的安贞堡坐落在前方的青山田野之间，突兀而立，像坐在时光流年路边的一个孤独者。渐渐走近你，从一侧的门进入大坪，脚踩练兵的操场，眼看大石头垒就的高 9 米、厚 4 米的高墙，古朴，凝重，肃杀，震撼，几种感觉同时涌出来，眼前仿佛呈现刀光剑影，耳边回响着金戈枪炮之声。你就以这样的面孔来迎接客人吗？

走到大门口，门楣之上书"安贞堡"三个大字，两侧"安于未雨绸缪固，贞观休风静谧多"的对联，稍解方才的困惑一二。

我是一个不速之客，不要粉饰的解说，我要一步步地走进真实。进了两道厚实的大门，站在用传统工艺夯制的三合土天井里，一口水井赫然在目。抬头看，由池占瑞手书的"紫气东来"匾额透出祥和的气息。这时，枪炮杀伐的气息淡下去，居家生活的气息逐渐升起来。

沿着四周绕一圈，厅堂天井的左右两侧各有一排厨房、澡房和厕所，一一配套，一字排开，与其他主体建筑一样左右对称，各六间。可以想见，做饭时间，先后生起火来，砧板刀案之声，锅灶碗碟之声，此呼彼应；饭香菜香、柴草清香，氤氲弥漫，穿屋绕梁；或许，这个角落伏着一只抱窝的母鸡，那儿蜷着一只慵懒的花猫，还有一个孩子在逗着淘气的小狗玩……那就是热闹而有序的人间烟火，有声而有味的农家生活。

来到楼上，沿环堡走廊一周，几百米行程中，内侧部分，展现给我一幅幅不朽的艺术画卷。各式大小房间，窗户的造型和雕刻就是一奇。圆的，椭圆的，方的，六角的，半月形的，错落搭配；大的，小的，量身定做；全空的，镂空的，交替出现，不仅具有千变万化的观赏价值，更具有别出心裁的艺术构思，把不同位置上大小房间的采光调配得科学周全，那是一件多么不简单的事！

正厅、围廊和屋檐及与之环护的四周，浮雕壁画异彩纷呈，大有可观。推开正房的窗子，正面是"福如东海"四个彩绘大字；两侧，有取材自古典小说和戏曲人物的泥塑，如诸葛亮、崔莺莺，有民间传统的花鸟彩绘，如牡丹争艳、腊梅迎春，令人目不暇接。关上窗子，适应了屋内的光线，仔细看时，窗棂左边镂空雕的是"麒麟献瑞"，右边雕的是"龟鹤延年"，启窗接彩绘，闭窗赏雕工，直夸匠心巧妙。

最让人津津乐道的是"千蛛扫去"和"百蝠招来"两幅画。左边是"千蛛扫去"，画上一位仙人手执扫帚，正在清扫树枝上落下来的蜘蛛，一线蛛丝悬

壁画 / 刘冬春 摄

内门 / 刘冬春 摄

游安贞堡

张如腾

攒动人头似赶墟,巍然古堡远街衢。

厢房三百军能驻,廊道二环车可驱。

千炮难攻防匪患,一丝不挂拒尘污。

奇观偏惹科研趣,今日悠游收获殊。

安贞堡内景透视 / 罗联永 摄

轩窗壁画："千蛛扫去""百蝠招来"/陈海平 摄

空垂下，末端一个蜘蛛正挣扎动弹，似有轻风吹来，蛛线飘动，一切均在仙人
的注视之中，那蜘蛛断然没有逃脱的机会了。据说正是因为此画镇守，百余年
来安贞堡始终不见蜘蛛的踪影，颇为神奇。右边一幅是"百蝠招来"，画面上
一位仙童光脚站在一只大葫芦上，一手叉腰，一手拿芭蕉叶将蝙蝠收入葫芦里。
"蝠"与"福"同音，寄寓百福之意，在许多旧民居中都有大量的蝙蝠雕刻。

　　流连其间，建筑之匠心，装饰之华美，氛围之典雅，使人赏心悦目，称妙
叹奇。

　　二楼正房的左边是一间绣房，是女子们刺花绣凤的地方。望着环绕四周的
固定的矮凳，眼前浮现出当年的情景：一群闺中女子，粉腮藕臂，素手玉指，
穿花针，引彩线，刺牡丹，绣龙凤，或美目流盼，或浅笑矜持，空气中流溢着
浓香的脂粉气息。我猜想，刺绣之余，肯定有女子站到瞭望窗前，观赏堡外的
山光水色、碧野田畴，向往那里的青葱和自由。

　　气氛与之截然不同的是相隔数米之外的环堡走廊外侧的瞭望窗和射击孔。

　　我再一次踯躅在那深长的环堡走廊时，天空渐渐放晴，先前的幽暗从幽深
中飘走，整条环形走廊亮堂起来。这次我走得很慢，把目光和心思集中在外侧。

说是窗，为安全考虑，其实也只是孔，透过四米的厚墙，望到远处也只是方形的一块。这一圈 96 个同样规格的瞭望窗口，就像安贞堡常年不眠的眼睛，不知审视、怀疑、仇视过多少人。射击孔外小内大，向下倾斜，略呈漏斗形，四米的厚墙因此拉伸到五米或六米，看出去是名副其实的一只只"眼"。被这种"眼"盯上的人，没有不命悬一线的。我不知道，这一个个枪眼之上曾经趴伏着怎样的汉子？在那怦怦心跳和怒目相视的瞬间，枪声响处，有多少条生命伴着枪口的那一缕硝烟结束？是不是有人手软过？是不是刚刚放下绣花针的女子也参加这种杀伐的战斗？据《永安市志》记载，1919 年 6 月和 10 月，北洋军阀李宝珩率部千余人两次攻打西华，西华百姓扶老携幼到这里避难。当时你才 20 岁，风华正茂，气势不凡，敞开胸襟，保护了乡民平安。无从知道李宝珩是否围堡攻打，如果是，那可能就是发生在这里的最激烈的对抗了。军阀所贪者财货，他并不想攻城掠地，所以，我估计那场保卫战没有发生。在永安，这一带是匪患相对少的地方，百姓并不经常拖儿带女、心惊胆战来躲避。这样想着，心情也天晴起来。射击孔上的位置都比较光滑，却未必能证明征战进行的次数多，在那上面趴过的，或许更多的是游人，说不定有的枪眼一开始就闲置至今，一次也没有派上用场。我真希望事实就是这样。

我又一次观看了正面两侧的角楼、大门上面的注水孔、库房上面的防火设置，设计者的用心十分明显。齐全周到的系统配置，坚不可摧的铁桶结构，无懈可击的防御工事，印证的正是未雨绸缪的建筑构想，也是你雄踞一方、不战而屈人之兵，从而保一方平安的力量之源。

走出大门，进门时的冷清、肃杀之气和低沉的雨云一道消散了。

主人拥有巨额资财，又有较高的文化艺术修养。且说柱础青石八面雕刻的精工技艺，那是不多见的珍品；且说天井两边石雕花架的别致独特，那当中深藏着雅士情调；且说那水井的井沿，那是由整块的大石头凿空而成的环套，就有巧夺天工之美，而这些石料都产自普禅山，仅运输一项，就不知需花费多少银两，可见主人不惜钱财地追求品质。

池占瑞、池云龙是精益求精的人。资料表明，在1885年动工建造安贞堡之前，父子曾多次晋京参观考察，一方面访问部分来华的西欧人士，另一方面还到各地土堡进行实地勘察，最后才设计绘制出草图。所以，今天我们才能看到你与众不同的风采。功夫不负有心人，时间是最公正的裁判员，大浪淘沙之后，尘埃落定，是粗制滥造，还是精工细作，一目了然。

雨停日出，阳光明媚，回望安贞堡，兀然崛起在一片成熟的稻田中间，背依天马山，三进两层，依地势渐次升高，规模宏大，气势磅礴，屋檐层层叠叠，鳞次有序，巍然壮观。一块石头，一座房子，粗看似与普通的石头、房子没有区别，当了解了它的身世，解读了它的承载之后，再来看它，就拥有了历史的韵味和文化的气息，它不仅因为那韵味和气息而获得生命，而且陡增内涵，显得丰富、厚重、卓尔不群。

估计你也没有想到，当年花费巨资苦心营造的大堡，固若金汤，在显赫几十年之后，渐渐黯淡，失去使用价值，然后族人强占，然后人去楼空，然后日趋破败，然后摇身变为文物保护单位，然后逐步升级，成为游人进进出出的地方。从在瞭望窗后面用警惕、审慎的目光打量外人，到敞开大门笑迎所有的来客，变化可谓地覆天翻！

今天，你告诉我，百余年的时光，可以无情地剥蚀许多鲜活的东西，可以湮没一些有着生动故事的主人公的血肉之躯，却带不走定格在历史坐标上的经典，带不走根植在沧桑壁垒间的良苦用心。

你还告诉我，不朽的东西，就是顺应时势而又精心打造的心灵作品，它既镌记时代的风雨，呈现人民的意志，又承载传统工艺，弘扬民族文化，如你，安贞堡。

永安复兴堡

复兴堡位于永安市燕西街道文龙村，由余氏族人始建于清代中期。主楼坐西朝东，平面呈长方形，东西面宽约39米，南北进深约42米，总占地面积达2800多平方米，建筑面积约2300平方米。抗战期间，福建省会内迁永安，福建省中央银行、福建省邮政管理局曾先后在此办公。特别是1943年11月至1945年11月，国民党中央直属台湾党部奉命从漳州迁设于此，复兴堡又被赋予新的寓意：光复台湾，振兴中华。

　　复兴堡主楼楼墙高约9米，厚1.7米，内环以宽约1米的跑马道。东西中轴线上各开一门，两门之间以地砖铺设宽约5米的大通道。南北两侧各两列单层排厝，每侧排厝均面阔九间，每三间组成一组院落，进深三柱，明间开院落门，天井两侧厢房面阔一间。主座进深七柱（其中明间九柱），中设太师壁。北侧后排厝西尽头建一座面阔一间、进深三柱的两层楼阁；南侧后排厝居中院落主座建两层阁楼。主楼东侧正门外三面环建余家公馆及池边书院、泮池等，风格十分独特。

　　复兴堡既是一座建筑风格独特、构造精湛的土堡民居，也是两岸血脉相连的历史见证。2013年被公布为全国重点文物保护单位。

# 🏛 巍巍复兴堡

## 一 苇

　　复兴堡坐落在永安市文龙村同前洋上，方形，坐西朝东，背对 205 国道。从国道上隔着田野遥望，它犹如古代的一座小城池，只见巍巍的高墙。东面拱券的大门有高高的石板门槛，厚实的对开大门上沟壑纵横，显然肩扛了相当长岁月的安全使命。门楣上方有行书"复兴堡"三个大字。

　　复兴堡是本地余氏家族的土堡。文龙余氏于明朝末年由永安上坪余荆山迁来，后百余年始修建复兴堡。堡名复兴，据说寄寓反清复明之意。世代为余氏族人居住，至今 300 余年了。

　　启动大量的人力物力和财力修筑土堡，大凡为聚族而居，保障安全。复兴

堡内对称的中轴 / 罗联永 摄

堡稳坐在田野中间，1.7 米厚的墙体，厚实而牢固；9 米高的外墙，可觊觎而难攀。约在 8 米高处，四面各设置了 5 个瞭望窗，那是土堡的 10 双眼睛，外面的动静形迹，可以一览无余，在这视野开阔之地，易守而难攻。墙上斑驳的弹痕，讲述劫匪虽有几次来袭，但面对巍巍高墙，只能徒叹奈何。

推开大门，迎面一条东西走向的大通道直达西门（后门），通道两侧是两排整齐的房屋，南北对称，规整有序，巍然大观。

进到堡内，南北通道便成为房屋门口的方坪，宽约 5 米，长约 30 米。以南边为例，靠门口一排三组九个房间，向外只开三个大门。迈进大门是前厅，东西两侧各有一个边房；三组的规格和构造相同。穿过前厅，是一个长方形小天井，登上两级台阶，就是正厅。正厅比前厅深，厅后还有一间房，屋檐也比

内坪通道 / 肖玉萍 摄

前厅的高。居中的那个正厅及东西侧两个房间，设计为两层。这样，三个前厅和三个正厅以及所有配套附属的房间连成一体，一列九个房间和前后两进，以中间客厅为中轴，又形成东西对称。

土堡内墙 7 米高处，有宽 1 米的内回廊，与瞭望窗组成观察和防卫体系。回廊并非悬空，它设置在厚墙的墙体上，配木质栏杆。上回廊的楼梯设置在后门入口北侧的三层小阁楼里，楼上供奉赵公元帅。站在回廊上，堡内民居格局尽在脚下，简单朴素中蕴涵着无须言说的美。

据统计，堡内共有厅 25 个，大小房间 74 间，浑然一体。乍一看，简单，朴实，错杂中的秩序更显设计者、建造者的匠心。就是在南边这一簇看似普通的房屋，在抗日战争时期，与许多人物和事迹一起随着战争硝烟登上历史的前台，随后被记入苍茫的历史档案。

1943 年 11 月中旬，国民党中央直属台湾党部进驻复兴堡。从大门进来，依次是党部负责人谢东闵、丘念台、郭天乙、方志林的住所兼办公室。

台湾党部是当时对台湾工作的活动中心和台湾革命的指挥机构。谢东闵负责的宣传科，以《台湾问题参考资料》和《台湾研究季刊》为阵地，结合节日活动大力开展宣传。郭天乙负责的组训科，主要工作是在岛内外发展党员、在台湾建立组织、在沿海建立联络站、组建闽粤工作团等，派出的人员分散各地。这些事务，大多在复兴堡内运筹帷幄。丘念台，台湾著名爱国将领丘逢甲的儿子，他秉承父志，矢志光复台湾。其人身兼多艺，在采矿、铁路和教育方面颇有建树。国家罹难，他放弃事业，投身救国。将门出虎子，可以从他身上得到印证。

谢东闵和丘念台都是台湾通，夜深人静的时候，两人经常同上回廊，毫无倦意。夜深沉，人思虑，天街夜色凉如水，对门山上传来松涛阵阵，在他们耳际，仿佛是台湾海峡的海浪声声。两人环环绕绕，周而复始，把栏杆拍遍……

这天深夜，两个台湾通在复兴堡互相砥砺，一个新的想法在夏夜的星空下酝酿，这就是《台湾研究季刊》的最初萌芽。

雁过秋风起，千呼万唤，谁也记不清经过多少次正式和非正式的讨论争辩，《台湾研究季刊》逐渐浮出水面，1944 年 12 月 30 日获批准，编辑为谢东闵和方志林二人，指定由黎烈文主持的改进出版社印行。

冬夜冷寂，但热血沸腾。《台湾研究季刊》于 1945 年 1 月 15 日隆重面世，作为宣传研究台湾光复问题的主要阵地。《台湾研究季刊》创刊号的成功，使复兴堡收获许多荣誉的光环。

正当山花烂漫时节，谢东闵的次子谢孟杰得了肺结核病。"你的工作很重要。孟杰的事我来办！"娇弱的妻子是他事业的一根支柱。此后，耿耿星河欲曙天，多少个不眠之夜，他身在复兴堡，心系台湾的昨天、今天和明天。

1945 年 5 月，谢东闵不远千里，跋山涉水，到重庆参加国民党第六次全国代表大会，提交了关于台湾光复后政府工作的三项提案。他考虑问题的深和熟、情和理，尽在其中。三项提案均获通过。这样，他对台湾

复兴堡全景 / 罗联永 摄

事务的影响不言自明，他在台湾事务中的地位不彰自显。几个月后，他参与接收台湾。后来，他走到台湾政治的中心，显然都与此有密切的丝缕牵连。苍天不负，机会总是眷顾有心人！

轻轻地走出谢东闵故居，我仍然能感觉到一种力量弥漫在历史的空气中，一股由衷的敬仰昂然升腾。

因为心怀景仰，我多次拜访复兴堡，在诗友余振浪家中仔细翻阅过老族谱，其中有一张当年的文龙村貌图，村中房屋稀少，复兴堡位居中央，雄视左右，可谓巍峨。眼下，随着时间的推移，村中新楼林立，复兴堡几乎被淹没其中。但是，大小高低不变的复兴堡在沧桑的皱褶中深蕴丰富的人文和历史，使它在人们的心目中高大起来。我早年到那里家访时，以为它不过是一座普通的大土堡，后来了解了它的历史之后，每次到那里，都忍不住驻足，默默仰视良久。正是那一段峥嵘的岁月，在复兴堡的年轮里镌刻下深深的印痕，志士们关注台湾、光复台湾的满腔热血和彻夜不眠的灯光，让这座余氏家族的土堡，曾牵动着国家中枢和世界的目光，闪烁着民族团结、国家统一的神圣光芒。

蓦然回首，复兴堡在绵绵春雨中静默着，厚重，安详。这使我更加坚信，伟人不一定非得身材高大，比如叱咤风云的拿破仑；城堡不一定非得高耸入云，比如温厚朴实的复兴堡。

昔时人已远，今日堡巍然。

大田琵琶堡

琵琶堡位于大田县建设镇建国村澄江自然村，明洪武初年在元代祖祠的基础上改扩建成土堡，明成化、嘉靖，清乾隆年间曾大修。该堡因兼作祭祀之用，故又名"广平祠"，是集土堡、祠宇、佛厅等建筑形制于一体，融祭祖、敬神、念佛等功能于一处的独特建筑。又因位于一座独立的山岗上，建筑平面依地势呈琵琶形，故名"琵琶堡"。

　　琵琶堡整体坐西朝东，占地面积约850平方米，由堡前小道、小水沟、前坪、小方池、围合堡墙、主楼（祖堂）、后楼、三圣祠等组成。墙基由毛石砌筑，堡墙以黄土夯筑，高达9米，墙上设置众多瞭望窗和射击孔，二层环堡辟跑马道。门洞为石质起券成拱，过门洞北侧是主楼、南侧后楼和三圣祠。主楼两层，面阔五间，进深七柱，二层周环檐廊，为三段式屋面，悬山顶。主楼二层明间设太师壁与神龛，奉祀家族祖先神位。后楼于1972年倒塌，现复建成砖楼，面阔五间，进深一间，悬山顶。三圣祠位于琵琶形的头部，靠堡墙而建，面阔三间，进深五柱，悬山顶，供奉"三圣尊王"。

　　琵琶堡是一座以防御为主、居住为辅的堡垒式建筑，是大田土堡中因地象形、因势而设的典范，也是三明地区罕见的异形土堡。该堡作为大田土堡群之一，2013年被公布为全国重点文物保护单位。

　　链　接：
　　大田土堡群：由安良堡、芳联堡、琵琶堡等组成。历史上大田县曾有大小土堡近千座，如今尚保留下40余座。这些土堡形态独特，风格迥异，而且规模宏大，建筑考究，具有较高的文物价值与旅游价值。

# 琴瑟和鸣琵琶堡

杨国栋

    盛夏的炽热阳光照射在葱茏蓊郁连绵起伏的群山中，呈现的叠翠绿茵特别清新妍美；灿烂光鲜的各色花卉因了强烈光芒的辉映，更显得斑斓缤纷。就在陶醉这逶迤至天边的美景中，突听得朋友说了声"到了"，我仿佛从梦中惊醒，很快就看见不远的山腰间坐落的那座气势宏伟的琵琶堡。这座位于大田县建国村的琵琶堡，又称"龟头堡"，因建在大山间的一座形似寿龟的山岗上而得名。该堡始建于明朝洪武年间，至今已有600多年历史。当我问及游氏祖先建造琵

山中琵琶堡／林建伟 摄

305

跑马道／刘冬春 摄

琵堡的初衷，朋友无一例外地回答说，建堡为的是防止土匪打劫，又为了除暴安良，保得方圆百里乡民们的和谐安详、共荣共享。游氏祖先信奉儒释道，故而将土堡建成颇具宗教色彩的琵琶形状，含有"琴瑟和鸣"与"剑胆琴心"的深意。

琵琶堡的建筑颇具特色。底层使用不带黏性的大块石头逐块砌建；墙基3米为毛石垒砌，按照一定的土石高比例涂面，以防范水和风雨的侵蚀；堡墙采用含石英砂粒的黄色生土夯筑而成，属于古代典型的以防御为主的堡垒式建筑。歇山式屋顶，部分墙高及硬山屋顶达9米余。大门采用硬杂木厚宽板制作而成，木门包铁皮，门洞拱券石砌。楼上建有瞭望窗、观察台，可监视堡外各种匪情动向和进攻路线；墙上的射击孔可以打击来犯之匪；注水孔可以将滚烫的热水或者热油顺着孔道往下流泻，起到防御来匪的作用。由于土堡的各个方位和角落都设置防御功能，客观上起到打击来犯之敌不留死角的功用。

琵琶古堡还是宜居之所。第一进前座为十二柱房厅，中间为正厅，斗拱梁混合结构。厅里设有神龛，供奉着游氏列祖列宗的神位；两边为八大开间，用于居住和储藏之用。第二进原为木质结构，由立柱和拱梁组成，因年代久远而毁损严重。1985年，游姓后人通过集资、捐献等方式筹集了大笔款项进行修建，将内屋主柱易木为砖，显得结实牢固。第三进为佛厅，厅里设置了肃穆典雅的听佛念经场所，常年梵音不绝，香火缭绕。如此建筑，完全是为了防御匪寇而自创的典型闽中闽西土堡形制。

不能不提及的是，琵琶堡前部，有代表琵琶琴弦的小溪沟、高石墙高夯土的厚实堡墙、岩石垒筑的坚实门洞，连接起堡内两米宽、近百米长的回廊式跑马道、应急的逃生窗、三圣祠、观音阁，以及中后楼组成的厅堂房间。土堡的外围山势陡峭，沟壑纵横。游氏先祖之所以如此费尽心思地将土堡建筑于此，不外乎为了提高山匪进攻的难度。然而，在生产力低下且山高皇帝远的闽西及闽中山区，朝廷对于匪患鞭长莫及，地方官府也没有剿灭匪患的能力，保境安民自然成为边远山区百姓的自觉行动。这其中的苍凉意味、人生况味，颇可玩味。

口门对溪/林建伟 摄

历史的悲怆痛苦，并不会因为土堡建设者的擘画和愿望初衷如何高尚美好而大度；山匪的残暴凶狠，也并不会因为善良的山民有了土堡的防范而却步不前。匪首认为，既然富豪者可以建造如此庞大的土堡，耗费千万银两，那么家中肯定还有更多的私藏。于是他们骑上高头大马，直奔新建的土堡。然而匪首们万万意想不到，耗尽钱财的建堡者此时家中已经穷得连米下锅都困难。被土堡防御者反击数个回合而气急败坏的匪徒们，因为战斗力强，加上武器先进，一天两天虽

攻不下，但十天半月，堡内人坚持不下去了，终被强悍如狼的盗匪攻破。但是，匪徒们费尽九牛二虎之力攻破土堡，却未能抢到足够的银两，那种疯狂变态灭绝人性的杀戮，就变得无比惨烈。朋友说，有一个至今已经全毁的古堡，在明末清初，四代男女老少近二十口全部死于山匪的屠刀之下，连刚刚出生的婴儿也不放过，漫漫流淌的鲜血染红了乡野河流……

乡民付出的生命代价，并未激活官府的正义情感，也未唤醒官员麻木的良知。甚至，面对凶悍的山匪，有的官员跑得比乡民还快。为了生存，明清时代大田县内的富裕乡民，还得不断地建造或者修缮土堡。然而具有极度悲凉之反讽意味的是，土堡建得愈好愈大，匪患仍旧不见灭绝，被匪徒洗劫或者杀戮的事情还在不断地发生。明朝末年，琵琶堡幽雅纯美的音乐琴声，还是未能挡住席卷阴风奔袭而来如恶狼似的盗匪。密集的飞箭雨点般落在了琵琶堡的外墙屋顶，凶神恶煞似的匪徒拥堵在前门就要破堡。危急中，只见一位手持双剑的女侠从天而降，挡在了匪徒前面。赖姓匪首一看，竟是他的女儿！原来，匪首女儿跟爹一样一身匪气，17 岁那年遇上琵琶堡游姓英俊青年，二人暗生恋情。他们在月光下，在土堡的琴音中多次幽会，并立下山盟海誓……匪首企图攻打琵琶堡，女儿坚决反对。匪首将她锁进房中，反倒被她用计骗过看守而前来救急。面对匪首强攻土堡的险恶形势，女儿痛哭流涕，剑压颈脖以死相胁。匪首不忍心女儿丧命，只好号令匪徒撤退……这个充满传奇色彩的传说故事，让我读到了琵琶琴音缠绕古堡中那股震撼人心的爱情力量。是的，以情化仇，以情驱恶，用情感的力量驱除人间的邪恶和罪孽，这不正是千百年来普通百姓所期盼的吗？

行文至此，笔者想起了《飞天》那首流行歌曲如泣如诉的忧伤音调："……荒凉的古堡中，谁在反弹着琵琶？只等我来去匆匆，今生的相会。烟花烟花满天飞，你为谁妖媚？不过是醉眼看花花也醉。流沙流沙满天飞，谁为你憔悴？

不过是缘来缘散缘如水……"琵琶土堡，琴音声声；世上真情，入骨入心，让我深切地感受到人间善美战胜邪恶的真谛！

历经无数岁月浸淫时光打磨的琵琶古堡，斑驳沧桑与苍凉风华的外表包裹着内中深不可测的厚重底蕴。我所见到的琵琶堡装饰艺术，是先辈建造者穷尽智慧奉献给世人的建筑艺术瑰宝，堪称中国古代建筑艺术百花园中一朵绚丽的奇葩。琵琶堡的室内装饰艺术，一反土堡外观雄伟壮观、粗犷野性、朴实无华的乡土气息风格与审美元素，注重梁拱门窗柱台等的精雕细刻。堡内有栩栩如生的门坊石雕和窗镂彩绘、呼之欲出的梁柱浮雕、色彩斑斓的壁画彩绘、活灵活现的花台景观、富于变化的大小天井。更富韵味的是，族人为了传承古代先贤的优秀传统文化，将仁义礼智信和忠勇故事传说雕琢成各种惟妙惟肖的形象，使人看起来易懂易记易流传。建堡人还极度重视耕读文化的传扬，通过室内装饰融入勤俭持家、读书上进的风尚，培养礼义廉耻的理念。

福建山多，土堡总是依山而建，人们对山水形势特别的讲究。其山形走向、曲折水流、落座朝向，总是受到特别关注。琵琶堡的建造者在注重防御的同时，也想到要借助风水使子孙后代兴旺发达。因而叠翠的群山，辽阔的视界，背靠的奇峰，泉眼的流向，气象的蒸腾，云雾的游走，均成为游氏先祖盘算的重点。

首先要选准山形地势；继而引入山涧溪水，绕堡开渠形成银色玉带，叫水东流；然后确定方位角度；接着是营造风雅意象，以此引发"紫气东来"之韵味气象；然后是确定堡前道路的斜度，真正构成"枕山、环水、面屏、道斜"的格局。此外，琵琶堡大厅讲究宽大柱圆，站在左门往前看，以看不见前院屋脊为要；大厅前设置天井，正中建有长石阶梯，厅的上堂悬挂高雅字匾和风水意象，相互映照：所有这些，处处弥散着闽中闽西古堡意趣盎然、底蕴深厚的文化气息。

精神的遗风与物质的遗迹互照互映。琵琶堡吸纳了中原地区汉民族传统民居的诸多优点特长，又结合闽中闽西独特的山川风貌与地理特质、深厚的历史文化内蕴以及当地居民的生存意愿，创造性地建造出有别于闽南风格、海边风情、都市气派的具有防御实用功能与独特艺术风格的土堡，携着那个时代延续不绝的欢乐悲伤，为耕读文化哺育下的闽地山民演绎了一个个古代和现代社会的爱恨情仇故事，谱写了那个时代古堡建筑的一曲绝响！

堡前游戏的少年 / 林建伟 摄

大田潭城堡

潭城堡位于大田县广平镇栋仁村，始建于明万历年间。该堡建于一级阶地上，坐北朝南，三面临溪，易守难攻，占地面积约2600平方米，建筑面积约2100平方米。

潭城堡由堡墙、墙屋及跑马道、碉式角楼、主堂、空坪、天井、墙屋等组成。外墙保存相对完整，高达12米。依墙建一圈房间，内径47米，外径55米，二楼壁上设环形跑马道。原先有四座碉式角楼，现仅剩一座倚在大门旁，高三层，悬山顶。进入堡内，干栏式屋架构筑的两层门亭与土堡门洞紧密相连，门亭又与跑马道浑然一体，起到全面庇护堡门的作用。堡内中轴线上原先依次建有下堂、中堂和后堂，现部分已被拆除。下堂左边有一口大水井，可供数百人生活汲水。堡内主次通道均用河卵石铺就。

潭城堡位于山间盆地中央，铭溪在此弯曲成近似太极阴阳鱼的图案，土堡就建在铭溪大弯处的阳鱼眼上，巧妙融合了中国古代传统的风水观，以达到阴阳协调、吉祥如意的要求。该堡规划科学周密，充分利用了当地自然环境和地理条件，同时合理布置建筑空间，既拥有极其突出的防御功能，又具备相对完善的起居议事功能。它是福建现存的唯一一座圆形土堡，与圆形土楼的结构设计完全不同，具有十分明显的福建中西部土堡特征。

# 🏛 万象物外潭城堡

郑宗栖

在闽中大田有太多土堡，或高或矮，或圆或方，形态独特，风格迥异。有的早已破败不堪，有的只留下墙基，被肆无忌惮生长的杂草团团包围，有的甚至消失在岁月的轮回里，只留下星星点点有关土堡的传奇故事。

岁月如歌，沧海桑田。曾经，大田山野拥有大小土堡近千座，始于宋元时期，盛行于明清时期。人们不禁会问：这里为什么会出现这么多的土堡？究其原因，一方面，大田属于典型山区，"俱崇山峻岭，深林密箐，人烟寥寂"，明朝正统年间以后社会动乱不安，为了防范匪盗骚扰，修建了大量的土堡，曾被誉为"千堡之城"；另一方面是清乾隆至嘉庆时期近百年盛世，随着经济的发展，乡人积累了一定的财富，为了显身价、保财产，又为了未雨绸缪、防患未然，也修筑了一些兼顾防御与居住功能的土堡。

潭城堡前/林建伟 摄

这些土堡应该会有灵魂的，最起码是一种人世沧桑的留影。潭城堡，是大田县尚存留的40余座土堡之一。该堡建于大田县广平镇栋仁村，土堡的外墙保存相对完整，为单层实脚结构。壁上设环形跑马道，堡前主门边遗存有一座附属碉式角楼。

这是福建土堡群中唯一的圆形土堡，站在它面前，我们会被它那古朴、雄浑的气势深深打动，仿佛走进了历史的长河。是的，在这斑驳的土墙后面，是否蕴藏着一些不为人知的秘密？

冬日暖阳下的潭城堡 / 林建伟 摄

在一块类似于奠基石的石碑上，我们找寻到了有关土堡建造的有限的文字记载。古堡位于铭溪河畔的龟坂，始建于明朝万历年间，为栋仁村郑氏先祖郑尚所筑，与铭溪村的龙会堡相望。郑尚，号凤山，为郑氏迁居栋仁村后的第十六代孙，曾任广东巡按使，立过大功三次、小功七次，升文林郎钦赐恩荣大柱国。郑氏是栋仁村现在人口最多的族群。宋高宗时期有郑氏先祖移居四十四都铭溪中坂；其子郑阳昇就在上坂后埕开基，称为上官；其玄长孙郑辛七重建上官堂，建三房厝一座。郑辛七被尊为栋仁郑氏鼻祖。

郑氏后人介绍，潭城堡建造的具体情况，在族谱或其他材料中没有过文字记载，但土堡历经400多年的沧桑岁月，如今依然雄伟矗立，无不令人感叹。

大田土堡特别讲究风水学，依山就势，与周围山水完美融合，错落有致，如明代山岗类型的琵琶堡、清代山坡类型的安良堡，潭城堡也不例外。

广平镇铭溪村、栋仁村合称"铭栋"。站在高山之巅，远望铭栋盆地，铭溪溪流犹如一条巨蟒将盆地一分为二，分隔出近似太极图案的"S"形空间。这里的地势山形，决定了潭城堡的建造风格，坐北朝南，偏西南方向，背靠双乳峰，遥对文峰山。圆形土堡恰好位于太极的重要部位"阳极"，显示出"道术奇异稳固"之势，占据盆地的心脏，使得建筑与传统风水观巧妙结合，达到了阴阳协调、和谐吉祥、驱邪祛弊的要求。在危机四伏的年代，生存和防御是第一需要，而圆形土堡似乎更有利于集体的团结；同时圆形土堡防御性好，能省地省材，并且能容纳更多的人，因而成为民众躲避灾难的最好家园。

突出其防御功能，这是大田土堡群的建筑特色。潭城堡主门前，铭溪由东南向西北呈"L"形半围堡门，恰似天然的护城河，紧紧守护着土堡。潭城堡属于水田类型土堡，在西北和东北方向原有宽阔的水田，增强了土堡防御功能。可以想象，陡峭的台地加上高大的堡墙，让人高不可攀，当外敌来犯时，这泥泞的水田是最天然最有效的屏障。

土堡的防御功能也体现在修筑的每一个细节之上，别具匠心。土堡主门和辅门是整个土堡防御功能较弱的地方。主门不高，有两米余，拱顶上方有一排五个向下的斜孔，这是用来护着堡门的，可用火铳打击靠近门洞的破门之敌，或用堡内井水浇灭匪寇的纵火。土堡四周为夯土墙，足有12米之高，在冷兵器时代，可防难攻。

进入土堡主门，便可感知到土堡墙体的厚重感，它似乎通向一个不为人知的世界。与土堡门洞相连的是木柱和屋架构筑的两层门亭，门亭与土堡二层跑

门亭与跑马道浑然一体 / 郑宗栖 摄

马道浑然一体，上下庇护着堡门。也许正是因为特别的建筑结构，主门开口不大，内圆外方，在夏日有习习凉风穿门洞而过，是个纳凉的好地方。

土堡之所以有别于土楼，主要体现在结构布局上。土堡之内精心设计有一组主体建筑群，建筑群外再筑有一道围护土墙，而这墙体却不承重，其主要功能只是为了防御。沿着土堡毛石块砌置的台阶可上二层跑马道，跑马道为夯土，没有经过任何的硬化，略显简陋。走在跑马道上，可以看到有无数的竹制枪孔和瞭望口，这些设置与其他的土堡无异，费尽心思地设置在堡门、角楼等各个角落，或倾斜或平放，可以从不同的高度、角度、方向进行弓箭、枪支射击。

方窗、斗型条窗的防御设置，也是极为巧妙。在一周堡墙相对等分处，各安装内外一致的大型方窗，远可瞭望来犯之敌的动静，可探身出窗大声喊话，近可瞬间出窗射击靠近土堡的敌人，同时还可临危应变出逃，呼唤援兵。斗型条窗，是以防御为主、采光为辅的设施，内宽外窄便于射击时左右调节，上下滑动机动打击，无战时采光通风功能样样具备。

　　显然，这些设计都是经过合理的规划、周密的计划，甚至也符合匠心独运的美学观点。我无数次站立于瞭望口之内，探出眼光，去找寻外面的世界，思忖：当匪患来临之时，当堡主把堡门关闭，城堡内外是否会笼罩着一股恐怖的气息，让人几乎窒息呢？

　　郑氏后人介绍，潭城堡四周原建有四座碉式角楼。这些角楼不是与土堡主体同一时期建筑的，而是修筑于清末。增修角楼的初衷主要也是为了防御。角楼分置土堡四周，高三层，四方悬山顶，穿斗结构，收分较大，远看去像塔状。第三层高出堡墙，站在此层放眼四周，堡内外情况一目了然，建立了多个方向、上下垂直防御与打击网，使土堡防御360度无死角。

　　角楼的修建据说还有一个说法，土堡被铭溪"L"形环绕，后人担心郑家的财富和福气直接被潺潺流水冲到下游，于是在土堡四周各修建角楼，就像"鼎"一样镇住财富和福气。

　　传说无据可考，但是先民们企盼平安祥和的美好愿望，最终因土堡的修筑得以实现。郑氏老人介绍，400多年来，土堡是否遭遇过大规模匪患不得而知，但在上世纪初，曾遭受过卢兴邦部队的抢掠烧杀，民居被烧毁多座，而民众躲藏在土堡之内长达数日，却是安然无恙。

　　土堡之内原建有一至三层的墙屋，中轴线上有下堂、中堂、后堂，依墙一圈有几十间房。下堂的左边有一口大水井，以及石臼等生活起居设施。20世纪50年代，为方便社部办公，拆去堡内堂屋，80年代又修建三层砖混结构的楼房，一直作为村部沿用至今。而那四座高耸的角楼也陆续被拆除三座，只留下土堡的主门东南侧那座，一直守护在岁月里。

　　好在经历400多年，潭城堡依旧矗立。在这国泰民安的好时代，民众再也不需要土堡的防御功能与意义，只是每一个人内心里多了一份怜惜。怜惜的，不仅有土堡的前生后世，还有关于土堡的未来，期望它们的未来也有一个温暖幸福的归宿。

堡土乡厚墈

一九三五年立

墈厚堡位于将乐县白莲镇墈厚村。清咸丰八年（1858年），因太平军入闽，将乐动荡不安，汤氏族人遂以平常颇显神麻的靖平庙为中心，夯土围建土堡，故该堡初名"靖平庙"。1933年，红七军团第十九师驻扎在此，召开群众大会成立苏维埃政府，并将土堡更名为"墈厚堡"，又称"红军堡"。

　　墈厚堡堡门为坐东南朝西北走向，三面临崖，位置险要，易守难攻。主体建筑坐南朝北。土堡整体平面呈不规则的长方形，占地面积800多平方米，外围筑有高大厚实的堡墙，墙基由大块毛石垒砌，墙体由红土掺石英砂夯筑，厚约0.5米。墙内周有跑马道，道路用土夯实，东北角建有碉式角楼。堡门用毛石垒砌，门洞内设双层大门。前部庭院由前堂、天井及两侧厢房组成。前堂面阔三间，进深一间，天井似不规则平行四边形。东厢四间，西厢三间，用作厨房和避难之用。祖师殿由前殿、主殿、后殿组成。前殿门厅内凹成八字形，面阔三间，进深五柱；主殿面阔三间，进深六柱；后殿建在高起的后堡墙上，面阔三间，进深一间，居中设神龛，供奉"活神仙师"。

　　墈厚堡集安全防御、防火防潮、冬温夏凉为一体，并广泛融合土堡、宗祠、寺庙等多种建筑元素，这种合建一体的形式是将乐土堡的显著特征。墈厚土堡也是将乐地区唯一遗存的土堡。2009年被公布为省级文物保护单位。

# 勘厚堡：穿越历史的烟尘

黄照辉

勘厚村，将乐县白莲镇一个名不见经传的偏远山村，因为土地革命战争时期的一段光辉岁月，让这个小村落闻名遐迩。 2015 年 5 月被三明市政府列为首批"红色文化村"，2017 年 10 月被命名为三明市第二批"中央红军村"。村中有一座勘厚土堡，因革命年代的特殊贡献，而被称作"红军堡"，远近闻名。

金秋时节，叠翠流彩。我怀着无比崇敬和景仰的心情，肩负着采写红军堡传奇故事的光荣任务，与友人一道慕名前往勘厚村，探秘隐匿在大山深处的红军堡，探访当年那段如火如荼的烽火岁月。从将乐县城出发，车行半个多小时

勘厚堡外景 / 黄照辉 摄

后，由 204 省道拐入村道，一路山高林密，曲径通幽，虽说已至深秋时节，沿途树木依然葱绿繁茂，满眼醉绿，秋也争春。经过九曲十八弯的盘山公路，终于抵达墌厚村。

该村位于将乐与沙县、明溪三县交界处，距将乐县城 44 千米，海拔 600 米，属于典型的高山行政村。伫立村口凉亭，抬眼眺望，但见绿树掩映中，山坳间的缓坡平地上零星散落着几十户人家，数十株参天古树屏列于村庄左右两侧，绿荫如盖，遮天蔽日，构成一幅"绿树村边合，青山郭外斜"的诗意景观。村子四周，群山拱卫，峭石如悬。村口乃一狭小豁口，略懂军事常识的人一眼就能看出，据此把守，可谓"一夫当关，万夫莫开"。

走进村里，让我惊讶的是眼前干净整洁的道路，参差错落的农舍民居，古意盎然的土堡宗祠。一条小溪自村中穿行而过，溪边山花怒放，清澈的山泉水在岩石上叮咚作响，一路欢歌流淌，空气清新湿润，阳光透过枝叶，洒下金色光环，如诗如画的景色，令人陶醉赞叹。

站在村部的院子里，抬头朝后山远望，但见黄墙红瓦、气势恢宏的红军堡依山势而建，龙盘虎踞一般雄峙于村西的山岗上。一行人穿过一片古香樟、阔叶树和毛竹混杂而生的小树林，沿一条长满青苔的小径拾级而上，谈笑间，不觉然已到达山顶。

第一次见到红军堡，我被深深震撼了。该堡虽历经两个世纪的风雨剥蚀，却雄姿依旧，傲视群山。乍一看，心中难免产生疑惑；一座有着历史沧桑感的建筑土堡，为何称之为"红军堡"？它与红军到底有何关联，或结下什么不解之缘？这，正是我此次探访墌厚村心中想要解开的谜团。

墌厚堡，始建于清咸丰八年（1858 年），原名"靖平庙"。堡门为坐东南朝西北走向，三面临崖，背靠木窠山，左右有大坪山、祠堂山拱卫，位置险要，易守难攻。整体平面依地形而呈不规则长条形，四周有围墙，底层墙体外

侧用卵石砌筑，内侧夯土。二层墙体用三合土夯筑而成，每隔数米有个扇形瞭望窗，内宽外窄，或朝左或朝右或朝下倾斜，既便于观察和射击，又可防止堡外枪箭射入。突出在土堡东西两侧的是两座高高的碉楼，掌控着土墙外的刀光剑影。这固若金汤的古堡，原来是护卫村民的"金光罩"。在二楼的墙上及大门边上端插有许多毛竹筒，据说是用于倒灌滚烫的开水出来，使土匪无法靠近土堡攻门和攀爬上墙。土堡上的视野极好，在瞭望窗可以直接眺望到村头方向的情况。土堡的大门有两层，大门内外侧皆用厚厚的铁皮钉包。

土堡内设三进大厅，起居室、炊事房、储藏室、议事厅、水井、浴室，样样齐全，可容纳200人饮食起居、聚会议事。中厅水房，汩汩流淌着山泉，掬一捧入口，清冽甘甜，沁人心脾。

据介绍，居住在这里的村民都是宋代武状元汤鷟的后裔。汤鷟是福建首位武状元，将乐县南口乡温坊村人士，金榜题名后，曾两度奉旨率军前往琼州岛（今海南）平叛，屡立战功，后因内贼出卖，殒命疆场。墈厚村村民们为秉承先祖遗风，习武之风代代相传，但练武仅为强身健体和守护家园。元代，有外地两武痞前往墈厚寻衅滋事，在村口遇到一挑水村民，便拳脚飞舞近前挑战，那村

忠义祠 / 黄照辉 摄

民肩挑两水桶挺身迎战："尔等若能将我就地击倒，带两位去见武术师傅便是。"两武痞不知深浅，便挥拳朝其前胸后背一阵猛击。那汉子却脚下生了根一般，纹丝不动，连水桶里满当当的水也未洒落一滴。两武痞见状，才知道天外有天，遇上了高人，连忙落荒而逃。

从此，墘厚村人人武艺高强、个个身怀绝技的名声传遍四邻八乡。山匪草寇也因慑于墘厚村的威名和易守难攻的地理地势，轻易不敢贸然进村骚扰。正因如此，墘厚村人得以平静地过了数百年。直到清代，因朝廷强令墘厚村民集体服兵役，组织兵团听候调遣，才打乱了这一方乐土的宁静。咸丰七年（1857年），兵团被调往归化（今明溪）守城，村民们英勇奋战，大获全胜，朝廷赏赐一千块银元以示褒奖。为躲避兵燹战乱和抵制兵役，族长提议用所得银元在村中构筑一座具有防御性的土堡，族人纷纷响应，出钱出力。历时五年，土堡终于落成，并命名为"靖平庙"。

这座土堡建成后，墘厚村民多次在紧急情况下入住，免遭土匪毒手。民国十年（1921年），由于瞭望值班的村民麻痹大意，土堡惨遭土匪血洗。全村死伤200余人，其中有40多家成为绝户，土堡也遭受严重破坏。这起惨案发生后，墘厚汤氏家族汲取教训，引以为戒，筑牢安全防范意识，加强哨所值勤，并重修土堡。

在1933年7月至1934年3月期间，红七军团十九师曾两次进驻墘厚村。起初，村民们并不了解这支队伍的来历，而是躲进土堡内，闭门不出。但他们很快发现这支队伍与众不同，秋毫无犯，友善亲和，于是打开大门，把红军迎进堡内，并宰杀生猪，以最隆重的礼节欢迎红军，同时腾出土堡让红军驻扎。在军团长寻淮洲的领导下，迅速组建了塅厚乡苏维埃政府，并在土堡内召开群众大会，宣传革命思想，发动群众打土豪、分田地、筹粮筹款。由村民成立的赤卫队，纷纷拿起藏在土堡内的火铳、长矛、大刀，与红军一道，在土堡山头和通往外界的关隘口设立哨卡，日夜值守，密切注视敌情动向。红军视驻地如故乡，待百姓如亲人，热情帮助村民舂米、挑水、砍柴、割稻，与乡亲们建立了深厚的鱼水之情。当红军撤离时，村里有四名青年踊跃报名参军，只可惜两名在随后的长汀松毛岭战斗中牺牲，另两名在湘江战役中牺牲。

红军第二次进驻时，村民再次腾出土堡让红军驻扎。此时，硝烟在铜铁岭上空弥漫，面对前方战士正在浴血奋战，村民们没有龟缩在土堡内，而是积极行动起来，投入支前队伍，帮助红军运送弹药，抢救伤员，提供补给，送饭供

祖师庙 / 黄照辉 摄

水。战斗在激烈进行中，红军的一支队伍从明溪方向赶过来增援，按照十九师杨师长事前的部署，红军找到村民汤正初，请求帮助带路。老汤带着这支队伍，从土堡方向的小路直插过去，翻山越岭，急行军加慢跑，把队伍顺利带到前方阵地。原来老汤熟悉这一带山路，平时红军送情报，杨师长都是委派他去的。正是有了后方群众的大力支持，红七军团才能在铜铁岭战役中多次击溃敌军的进攻，阻止了敌军的围剿，保卫了中央苏区，取得粉碎敌人东方封锁线计划的胜利。为纪念土堡的贡献和红军的事迹，村民把土堡改为"红军堡"。

红军堡从建成到现在已历 160 余年，虽饱经风雨，历尽沧桑，但总算是较为完整保存下来。2007 年，塥厚村汤氏家族曾集资对红军堡进行修葺。2009 年 11 月，塥厚堡被福建省人民政府公布为省级文物保护单位。2010 年将乐县政府拨专款进行修缮。

"雄关漫道真如铁，而今迈步从头越"，历史的车轮滚滚向前，铜铁岭的硝烟虽已散去，红军堡穿越历史的烟尘，见证了当年军民之间的鱼水情，见证了那段难忘的烽火岁月。红军精神永放光芒，红军堡的故事将代代传颂下去。

土堡外墙 / 黄照辉 摄

# 福建省级以上文物保护单位名录

## （土楼堡寨）

### 一、全国重点文物保护单位

| 名称 | 地点 | 文物点 |
| --- | --- | --- |
| 永安抗战旧址群 | 三明市永安市文龙村 | 复兴堡 |
| 大田土堡群 | 三明市大田县建设镇、桃源镇、均溪镇、太华镇 | 安良堡、芳联堡、广崇堡、琵琶堡、泰安堡 |
| 安贞堡 | 三明市永安市槐南乡洋头村 | |
| 福建土楼 | 漳州市平和县芦溪镇蕉路村 | 绳武楼 |
| 福建土楼 | 漳州市南靖县书洋镇上版村 | 田螺坑土楼群 |
| 福建土楼 | 漳州市南靖县书洋镇曲江村 | 河坑土楼群 |
| 福建土楼 | 漳州市南靖县梅林镇坎下村 | 怀远楼 |

| 名称 | 地点 | 文物点 |
| --- | --- | --- |
| 福建土楼 | 漳州市南靖县梅林镇璞山村 | 和贵楼 |
| 福建土楼 | 漳州市平和县大溪镇庄上村 | 庄上大楼 |
| 福建土楼 | 漳州市华安县仙都镇大地村 | 大地土楼群（二宜楼、东阳楼、南阳楼） |
| 福建土楼 | 漳州市漳浦县深土镇锦东村 | 锦江楼 |
| 福建土楼 | 龙岩市新罗区适中镇中心村 | 典常楼 |

| 名称 | 地点 | 文物点 |
|---|---|---|
| 福建土楼 | 龙岩市永定区高头乡高北村 | 高北土楼群（承启楼、世泽楼、五云楼、侨福楼） |
| | 龙岩市永定区湖坑镇洪坑村 | 洪坑土楼群（振成楼、福裕楼、奎聚楼） |
| | 龙岩市永定区下洋镇初溪村 | 初溪土楼群（集庆楼） |
| | 龙岩市永定区湖坑镇下南溪 | 振福楼 |
| | 龙岩市永定区湖坑镇新南村 | 衍香楼 |
| 安溪土楼 | 安溪县西坪镇 | 聚斯楼、映宝楼、泰山楼 |
| 永泰庄寨建筑群 | 永泰县同安镇三捷村、大洋镇大展村、霞拔镇锦安村、东洋乡周坑村、长庆镇中埔村 | 仁和庄、昇平庄、积善堂、绍安庄、中埔寨 |
| 水美土堡群 | 三明市沙县凤岗街道水美村 | 双吉堡、双兴堡、双元堡 |

## 二、省级文物保护单位

| 名称 | 地点 | 文物点 |
|---|---|---|
| 大田土堡 | 三明市大田县广平镇万宅村 | 绍恢堡 |
| 福临堡 | 三明市永安市青水畲族乡上洋村 | |
| 聚奎堡 | 三明市尤溪县中仙乡西华村 | |
| 书京土堡 | 三明市尤溪县台溪乡书京村 | |
| 茂荆堡 | 三明市尤溪县台溪乡盖竹村 | |
| 墈厚土堡 | 三明市将乐县白莲镇墈厚村 | |
| 泰安堡 | 龙岩市漳平市灵地乡易坪村 | |
| 大兴堡 | 泉州市德化县三班镇三班村 | |
| 厚德堡 | 泉州市德化县水口镇祥光村 | |
| 尤溪土堡群 | 三明市尤溪县中仙乡、梅仙镇、新阳镇 | 居安堡、莲花堡、昇平堡、重光堡 |
| 东关寨 | 福州市福清市一都镇东山村 | |

| 名称 | 地点 | 文物点 |
|---|---|---|
| 长田革命旧址歪嘴寨 | 漳州市诏安县金星乡湖内村长田自然村 | |
| 上寨泽东楼 | 龙岩市永定区抚市镇五湖村 | |
| 永泰庄寨建筑群 | 永泰县同安镇同安村、洋尾村，嵩口镇月洲村，丹云乡翠云村，白云乡寨里村，大洋镇大展村，梧桐镇椿阳村，霞拔镇锦安村，东洋乡周坑村，长庆镇中埔村 | 同安寨、九斗庄、爱荆庄、宁远庄、和城寨、竹头寨、荣寿庄、昇平庄、庆丰庄、积善堂、绍安庄、中埔寨 |
| 巽来庄 | 泉州市永春县五里街镇仰贤村 | |
| 齐云楼 | 漳州市华安县沙建镇岱山村 | |
| 洋竹径雨伞楼 | 漳州市华安县高车乡洋竹径村 | |
| 裕昌楼 | 漳州市南靖县书洋镇下版村 | |
| 龙潭楼 | 漳州市南靖县书洋镇田中村 | |

| 名称 | 地点 | 文物点 |
|---|---|---|
| 薰南楼 | 漳州市平和县坂仔镇东风村 | |
| 树滋楼 | 漳州市云霄县和平乡宜谷径村 | |
| 一德楼遗址 | 漳州市漳浦县绥安镇马坑村 | |
| 霞贯石楼群 | 漳州市龙文区郭坑镇霞贯村 | |
| 黄素石楼 | 泉州市泉港区前黄镇胶黄村 | |
| 聚奎楼 | 泉州市南安市金淘镇朵桥村 | |
| 西坪土楼 | 泉州市安溪县西坪镇赤石村、平原村 | |
| 崇墉永峙楼 | 泉州市安溪县感德镇龙通村 | |
| 南岩泰山楼 | 泉州市安溪县西坪镇南岩村 | |
| 苏邦东洋楼 | 龙岩市新罗区雁石镇苏邦村 | |
| 环极楼 | 龙岩市永定区湖坑镇南中村 | |

| 名称 | 地点 | 文物点 |
|------|------|--------|
| 永康楼 | 龙岩市永定区下洋镇霞村 | |
| 遗经楼 | 龙岩市永定区（现属经开区）高陂镇上洋村 | |
| 富岭裕隆楼 | 龙岩市永定区（现属经开区）高陂镇富岭村 | |
| 永豪楼 | 龙岩市永定区抚市镇新民村 | |
| 永隆昌楼 | 龙岩市永定区抚市镇新民村 | |
| 洪坑土楼群 | 龙岩市永定区湖坑镇洪坑村 | 光裕楼、福兴楼、奎聚楼、福裕楼、振成楼、如升楼、庆成楼 |
| 黄田土楼群 | 漳州市平和县九峰镇黄田村 | 咏春楼、联辉楼、聚顺堂、龙见楼、衍庆楼 |
| 东石土楼 | 莆田市仙游县园庄镇东石村 | |
| 上洋友于楼 | 龙岩市永定区高陂镇上洋村 | |

| 名称 | 地点 | 文物点 |
|------|------|--------|
| 赤岸铳楼群 | 福州市永泰县丹云乡赤岸村 | 扁店铳楼、前店铳楼、祥林店铳楼、则水店铳楼 |
| 公馆峡民居 | 三明市尤溪县新阳镇双鲤村 | |

# 其他图片来源

P1 永定集庆楼：胡剑文 摄

P9 永定永康楼：胡剑文 摄

P19 永定福裕楼：林建文 摄

P27 永定承启楼：黄振文 摄

P35 永定衍香楼：胡剑文 摄

P43 永定振福楼：卢静 摄

P51 新罗苏邦东洋楼：朱裕森 摄

P56—57 东洋楼内景：朱裕森 摄

P59 漳平泰安堡：陈秀容 摄

P67 华安二宜楼：李淑芬 摄

P77 华安雨伞楼：省文物局 供图

P82—83 雨伞楼内环：省文物局 供图

P87 南靖绳庆楼：省文物局 供图

P95 南靖步云楼：李淑芬 摄

P103 南靖和贵楼：吴德清 摄

P111 南靖怀远楼：冯木波 摄

P121 南靖裕昌楼：陈海平 摄

P129 平和绳武楼：黄振文 摄

P139 平和余庆楼：黄水成 摄

P147 平和庄上大楼：朱松林 摄

P155 平和龙见楼：黄振文 摄

P163 漳浦锦江楼：李淑芬 摄

P173 安溪崇墉永峙楼：吴承接 摄

P183 德化厚德堡：涂玉溱 摄

P193 仙游东石土楼：吴翠慈 摄

P199 福清东关寨：陈奇 摄

P207 永泰三捷青石寨：张培奋 供图

P215 永泰荣寿庄、昇平庄：陈成才 摄

P223 永泰赤岸铳楼群：张培奋 供图

P233 永泰万安堡：张培奋 供图

P241 闽清娘寨：刘建新 摄

P251 尤溪茂荆堡：肖爱兰 摄

P261 尤溪公馆峡民居：张宗铝 摄

P269 沙县水美双元堡：罗榕华 摄

P277 三元松庆堡：李耿源 摄

P283 永安安贞堡：刘冬春 摄

P295 永安复兴堡：罗联永 摄

P303 大田琵琶堡：刘冬春 摄

P311 大田潭城堡：郑宗栖 摄

P319 将乐墈厚堡：黄照辉 摄

说明：丛书内文中的图片一般在原图相应位置标注图片来源，各个辑页的题图以及某些内文底图无法在原文标注图片来源，则统一在此处注明。

# 后　记

　　本丛书于 2018 年 5 月正式启动，由福建省人大常委会环城工委、教科文卫工委牵头，会同省住房和城乡建设厅、省文化和旅游厅、省新闻出版局、省党史和方志办、省文物局、海峡出版发行集团、省文联和省文物考古博物馆学会等多个部门和学术团体参与编写。

　　为圆满完成丛书的编写出版工作，我们成立了福建古建筑丛书编辑委员会，负责丛书编辑出版原则的制定、编写提纲的审核、编辑出版工作中重要事项的协调以及对丛书全部内容的审定等；成立了福建古建筑丛书编辑部，具体负责稿件的组织征集、图文编辑以及出版发行等事务。为了切实保障丛书的质量，我们还成立了福建古建筑丛书学术专家组，由中国文物学会副会长、福建省文物考古博物馆学会理事长郑国珍担任组长，厦门大学建筑与土木工程学院教授戴志坚、福州大学建筑学院人居环境科学研究所所长张鹰担任副组长，负责丛书的学术问题总把关。

　　丛书邀请以下各位专家分别担任各分册主编，负责各册的选目以及概述和每一处建筑说明文字的撰写，并对本册相关内容进行审核。

　　《城垣城楼》主编　许为一（福建省传统村落与历史建筑研究中心副主任）

《土楼堡寨》主编　龚张念（福建博物院副院长、研究馆员）

《府第民宅》主编　李华珍（福建工程学院建筑文化研究所所长、建筑与城乡规划学院副教授）

《文庙书院》主编　林　峰（福建省文物保护中心主任、研究馆员）

《古道亭桥》主编　楼建龙（福建博物院考古研究所所长、研究馆员）

此外，福建工程学院建筑与城乡规划学院田梅霞参与了《城垣城楼》一册内容的编写。福建博物院肖振家参与了《土楼堡寨》一册的编写，福州大学建筑学院人居环境科学研究所教授李建军提供了其中的部分相关资料。周文博、游小倩参与了《文庙书院》一册相关内容的编写与资料收集工作。福建博物院梁源、张涛、陈闻达、杨俊等人参与了《古道亭桥》一册的资料收集。

丛书散文随笔，委托省作协、各设区市作协等单位征集组稿，邀请相关作者撰写。丛书图片，委托省作协与摄协、各设区市作协与摄协、省党史和方志办、省文物局等单位征集，部分图片由丛书专家、作者提供。

丛书从编写到出版的整个过程，得到了各参与部门和各位专家、作者、摄影者以及社会各界朋友的大力支持，在此，谨致以最诚挚的谢忱！

需要说明的是，因丛书征集文章与图片来源涉及面广，其中个别散文篇目与少量图片，有关部门在交稿时没有附上原著作者、摄影者姓名及联系方式，请相关著作权人及时与出版社取得联系，以便出版单位及时支付相应的稿酬。

福建古建筑丛书编辑部

2020 年 6 月

**图书在版编目（CIP）数据**

土楼堡寨/福建古建筑丛书编委会编. －福州：
福建教育出版社，2020.9（2020.12 重印）
（福建古建筑丛书）
ISBN 978-7-5334-8527-6

Ⅰ.①土… Ⅱ.①福… Ⅲ.①古建筑－介绍－福建
Ⅳ.①K928.71

中国版本图书馆 CIP 数据核字（2019）第 187422 号

福建古建筑丛书

Tulou Baozhai

**土楼堡寨**

福建古建筑丛书编委会 编

---

| | | |
|---|---|---|
| **出版发行** | 福建教育出版社 | |
| | （福州市梦山路 27 号 邮编：350025 网址：www.fep.com.cn | |
| | 编辑部电话：0591-83716932 | |
| | 发行部电话：0591-83721876 87115073 010-62027445） | |
| **出 版 人** | 江金辉 | |
| **印 刷** | 福州华彩印务有限公司 | |
| | （福州市福兴投资区后屿路 6 号 邮编：350014） | |
| **开 本** | 710 毫米×1000 毫米 1/16 | |
| **印 张** | 22.5 | |
| **字 数** | 294 千字 | |
| **插 页** | 2 | |
| **版 次** | 2020 年 9 月第 1 版 2020 年 12 月第 2 次印刷 | |
| **书 号** | ISBN 978-7-5334-8527-6 | |
| **定 价** | 98.00 元 | |

---

如发现本书印装质量问题，请向本社出版科（电话：0591-83726019）调换。